This Book Comes With Free Bonus Puzzles
Available Here:

BestActivityBooks.com/WSBONUS20

5 TIPS TO START!

1) HOW TO SOLVE

The Puzzles are in a Classic Format:

- Words are hidden without breaks (no spaces, dashes, ...)
- Orientation: Forward & Backward, Up & Down or in Diagonal (can be in both directions)
- Words can overlap or cross each other

2) ACTIVE LEARNING

To encourage learning actively, a space is provided next to each word to write down the translation. The **DICTIONARY** allows you to verify and expand your knowledge. You can look up and write down each translation, find the words in the Puzzle then add them to your vocabulary!

3) TAG YOUR WORDS

Have you tried using a tag system? For example, you could mark the words which have been difficult to find with a cross, the ones you loved with a star, new words with a triangle, rare words with a diamond and so on...

4) ORGANIZE YOUR LEARNING

We also offer a convenient **NOTEBOOK** at the end of this edition. Whether on vacation, travelling or at home, you can easily organize your new knowledge without needing a second notebook!

5) FINISHED?

Go to the bonus section: **MONSTER CHALLENGE** to find a free game offered at the end of this edition!

Want more fun and learning activities? It's **Fast and Simple!**
An entire Game Book Collection just **one click away!**

Find your next challenge at:

BestActivityBooks.com/MyNextWordSearch

Ready, Set... Go!

Did you know there are around 7,000 different languages in the world? Words are precious.

We love languages and have been working hard to make the highest quality books for you. Our ingredients?

A selection of indispensable learning themes, three big slices of fun, then we add a spoonful of difficult words and a pinch of rare ones. We serve them up with care and a maximum of delight so you can solve the best word games and have fun learning!

Your feedback is essential. You can be an active participant in the success of this book by leaving us a review. Tell us what you liked most in this edition!

Here is a short link which will take you to your order page.

BestBooksActivity.com/Review50

Thanks for your help and enjoy the Game!

Linguas Classics Team

1 - Antiques

```
Z N G O O W H R T R A P M G Đ Z
F J N A J I C K U A Ć B L U T C
S T A R L T S O N D E J I R V M
N M W N I E L Z Y E J E U G B N
K B Đ T T S R G F A L G G Z Đ R
U V Đ J S I L I F G T N A K I T
M U A N E J I C J F E C C K Đ A
J K V L C G H M J A S C H N H S
E R O O I N N A M J E Š T A J K
T A N J N T Đ M J O D V R T C U
N S B F A G E N E O B I Č N O L
O N O G V A U T F O H W H A I P
S O Đ D O M E Y A K F U M G B T
T U U Đ K S T O L J E Ć E E G U
A U T E N T I Č N O V R L L H R
I R J U L A G A N J E O A E V A
```

UMJETNOST	ULAGANJE
AUKCIJA	NAKIT
AUTENTIČNO	STAR
STOLJEĆE	CIJENA
KOVANICE	KVALITETA
DESETLJEĆA	OBNOVA
UKRASNO	SKULPTURA
ELEGANTAN	STIL
NAMJEŠTAJ	NEOBIČNO
GALERIJA	VRIJEDNOST

2 - Food #1

```
M V A N U T D A O Đ K R H Č H B
I L C M R K V A H U J R O E H Đ
B W I N U L V F W Y M Đ J Š P N
E M L J N U M I L Đ A Z C N Z U
I H E B E K A Š U R K S J F I
S O R U B K D L D S Š T O A D H
M U A G D A O N F F M E K K R F
V S M J G J G J E Č A M Ć I F P
K I R I D L A K A R F V H E S U
K T H E L I J N I N S B K R R J
I A W Y U S I R Đ S N A Y O F D
F L O E B O Š P I N A T L C K G
G K E Y K B Đ L R E P A I A B K
Y D B K K R Đ A P R E C I L T H
C I M E T W E B Y A B L R B P A
K I K I R I K I C S O L E H T E
```

MARELICA	KIKIRIKI
JEČAM	KRUŠKA
BOSILJAK	SALATA
MRKVA	SOL
CIMET	JUHA
ČEŠNJAK	ŠPINAT
SOK	JAGODA
LIMUN	ŠEĆER
MLIJEKO	TUNA
LUK	REPA

3 - Measurements

```
B  A  J  T  V  D  U  N  G  F  A  A  S  Z  Z  T
A  O  M  V  O  E  L  L  W  H  A  G  T  R  S  R
Đ  D  A  R  L  C  J  M  V  I  L  I  U  N  T  L
U  U  I  T  U  I  R  C  I  P  S  R  P  I  R  Y
J  Ž  M  N  M  M  A  R  G  N  S  R  A  S  A  M
N  I  D  L  E  A  T  N  R  W  U  A  N  N  T  Y
W  N  N  U  L  E  H  O  P  M  T  J  L  E  S
L  A  H  L  B  A  M  I  W  T  U  E  A  I  M  Z
R  N  R  J  K  I  U  N  C  A  J  M  F  V  I  O
M  I  Y  B  H  T  N  N  G  F  D  O  W  N  T  V
M  Ž  L  I  T  R  A  A  W  U  Z  L  S  K  N  Š
Z  E  G  B  H  E  I  B  T  B  U  I  I  Y  E  I
C  T  U  S  U  Y  N  E  P  H  U  K  N  M  C  R
V  I  S  I  N  A  Č  K  I  L  O  G  R  A  M  I
V  Đ  J  A  L  Y  R  E  G  F  U  P  W  B  Z  N
E  J  Y  Z  L  J  E  Z  H  I  W  P  P  J  R  A
```

BAJT	DUŽINA
CENTIMETAR	LITRA
DECIMALA	MASA
STUPANJ	METAR
DUBINA	MINUTA
GRAM	UNCA
VISINA	TONA
INČ	VOLUMEN
KILOGRAM	TEŽINA
KILOMETAR	ŠIRINA

4 - Farm #2

```
J  J  O  J  Y  B  U  G  S  O  A  P  M  W  L  A
P  E  V  B  L  V  U  W  V  S  F  A  L  F  C  B
R  Č  F  G  A  E  K  K  E  K  S  I  L  L  Z
D  C  T  A  U  R  M  Đ  A  J  U  T  J  W  E  H
V  E  S  K  M  F  L  E  O  N  K  I  E  T  I  E
J  T  R  U  A  S  T  A  J  A  U  R  K  U  P  W
Ž  I  V  O  T  I  N  J  E  V  R  T  O  B  A  C
H  I  I  N  V  J  P  Ć  A  U  R  O  V  C  E
R  P  M  U  Z  Đ  Đ  O  R  J  Z  A  U  Đ  I  Ć
A  B  M  N  Z  I  M  R  V  N  W  K  B  T  N  O
N  E  M  Đ  K  P  J  M  O  D  I  T  U  P  Š  V
A  G  Y  A  W  C  N  W  P  O  M  O  P  G  O  L
J  A  N  J  E  T  I  N  A  V  C  R  G  Đ  K  N
P  Š  E  N  I  C  A  K  K  A  J  N  Ć  O  V  F
H  Z  H  F  O  A  Č  A  J  N  E  R  T  E  J  V
D  P  C  E  J  L  I  V  A  D  A  O  P  O  L  Z
```

ŽIVOTINJE	LAME
JEČAM	LIVADA
STAJA	MLIJEKO
KOŠNICA	VOĆNJAK
KUKURUZ	OVCE
PATKA	PASTIR
HRANA	TRAKTOR
VOĆE	POVRĆE
NAVODNJAVANJE	PŠENICA
JANJETINA	VJETRENJAČA

5 - Books

```
P  R  I  P  O  V  J  E  D  A  Č  H  F  F  R  Č
Z  B  I  R  K  A  O  A  U  C  R  A  E  D  E  I
L  Z  N  E  A  E  Y  V  W  I  K  K  T  M  L  T
N  L  V  Đ  U  P  Y  A  G  N  L  Y  D  E  E  A
T  F  I  M  R  O  E  N  G  A  W  U  V  I  V  Č
R  O  T  U  A  V  G  T  E  R  Đ  B  Đ  F  A  F
A  S  N  F  R  I  F  U  U  T  R  P  B  R  N  F
G  O  E  N  U  J  Đ  R  O  S  I  O  C  K  T  H
I  I  V  C  R  E  K  A  R  B  N  U  M  W  A  J
Č  G  N  R  D  S  D  U  H  O  V  I  T  A  N  D
N  V  I  T  F  N  D  U  A  L  N  O  S  T  N  W
O  I  O  Đ  T  I  I  L  I  T  E  R  A  R  N  I
Đ  Z  P  R  I  Č  A  M  S  E  J  P  M  Z  Y  S
C  J  D  C  P  O  E  Z  I  J  A  F  U  H  S  N
K  O  N  T  E  K  S  T  N  A  P  I  S  A  N  O
Đ  E  A  J  T  H  O  L  L  L  H  L  N  F  U  W
```

AVANTURA	PRIPOVJEDAČ
AUTOR	ROMAN
ZBIRKA	STRANICA
KONTEKST	PJESMA
DUALNOST	POEZIJA
EP	ČITAČ
POVIJESNI	RELEVANTAN
DUHOVIT	PRIČA
INVENTIVNI	TRAGIČNO
LITERARNI	NAPISAN

6 - Meditation

```
M  L  J  U  B  A  Z  N  O  S  T  T  K  T  V  S
J  I  L  S  I  M  G  T  W  U  I  V  P  I  D  U
A  G  R  Z  A  H  V  A  L  N  O  S  T  Š  I  O
S  C  L  A  D  O  R  I  R  P  N  C  Z  I  S  S
N  A  A  B  N  A  D  U  B  L  A  U  M  N  A  J
O  T  C  Z  P  O  K  R  E  T  V  H  F  A  N  E
Ć  K  N  A  Đ  S  P  W  K  Y  I  L  L  N  J  Ć
A  Đ  Z  L  G  P  O  P  P  M  T  M  G  Z  E  A
E  S  L  G  O  K  G  L  O  E  K  L  I  J  B  N
P  R  I  H  V  A  Ć  A  N  J  E  S  S  R  P  J
T  U  P  N  D  P  V  I  L  I  P  K  R  A  S  E
M  Č  S  T  T  D  Z  N  A  C  S  F  I  B  V  W
L  I  Đ  S  K  S  S  J  T  O  R  P  I  V  K  W
G  T  P  E  A  A  Z  A  N  M  E  I  E  M  A  J
A  I  O  W  Y  B  W  C  E  E  P  O  H  Z  I  N
R  B  J  W  G  T  Đ  D  M  A  Đ  N  P  F  Z  G
```

PRIHVAĆANJE	MENTALNO
BUDAN	UM
DISANJE	POKRET
MIRAN	GLAZBA
JASNOĆA	PRIRODA
SUOSJEĆANJE	MIR
EMOCIJE	PERSPEKTIVA
ZAHVALNOST	TIŠINA
NAVIKE	MISLI
LJUBAZNOST	UČITI

7 - Days and Months

```
G  K  A  O  D  A  P  O  T  S  I  L  A  V  S  R
T  S  M  O  C  Y  O  U  R  G  F  Y  N  J  B  D
O  E  M  U  K  O  N  Y  A  D  E  J  I  R  S  K
U  T  O  R  A  K  E  O  V  R  D  F  D  S  D  A
U  N  M  H  I  H  D  N  A  U  F  F  O  G  Y  T
O  Ž  U  J  A  K  J  F  N  J  O  A  G  E  H  R
M  A  F  Z  F  A  E  S  J  A  Č  A  J  L  E  V
Z  Z  I  F  O  T  L  V  I  N  W  M  I  R  G  T
K  G  N  A  D  E  J  T  T  J  U  J  H  B  V  E
N  C  Y  G  T  P  A  S  B  D  E  E  K  U  V  Č
Đ  D  A  B  W  O  K  K  T  J  N  Č  T  Đ  G  O
S  R  P  A  N  J  B  M  B  U  V  M  A  G  G  W
K  O  L  O  V  O  Z  U  F  M  D  B  J  N  E  E
N  E  D  J  E  L  J  A  S  C  C  E  S  E  J  M
K  A  L  E  N  D  A  R  Z  I  L  A  N  Z  I  V
I  O  U  G  E  F  A  M  N  F  D  B  Y  I  E  J
```

TRAVANJ	STUDENI
KOLOVOZ	LISTOPAD
KALENDAR	SUBOTA
VELJAČA	RUJAN
PETAK	NEDJELJA
SIJEČANJ	ČETVRTAK
SRPANJ	UTORAK
OŽUJAK	SRIJEDA
PONEDJELJAK	TJEDAN
MJESEC	GODINA

8 - Energy

```
T  E  S  P  B  S  H  R  R  A  O  A  T  T  K  V
V  L  O  A  N  I  B  R  U  T  R  K  U  C  G  B
F  E  M  R  A  T  E  J  V  C  S  B  O  B  D  W
I  K  Z  A  N  U  K  L  E  A  R  N  I  L  P  S
N  T  O  B  N  O  V  L  J  I  V  B  N  K  I  P
D  R  V  A  Z  G  Z  K  T  P  Z  D  K  Y  A  Š
U  O  E  Z  W  D  F  A  R  Z  C  U  R  A  J  N
S  N  U  O  Z  J  O  N  G  U  U  G  L  J  I  K
T  E  L  E  K  T  R  I  Č  N  I  B  C  I  R  T
R  B  E  N  Z  I  N  L  U  T  R  K  O  P  E  Đ
I  E  L  W  I  D  V  P  J  L  V  N  N  O  T  H
J  Z  L  I  J  N  G  O  Z  U  Y  M  O  R  A  Y
A  G  C  U  W  I  N  T  D  C  F  G  B  T  B  L
Z  A  G  A  Đ  E  N  J  E  I  J  B  O  N  O  O
H  O  L  S  F  M  O  T  O  R  K  L  O  E  J  F
C  D  I  Z  E  L  G  O  R  I  V  O  N  R  P  C
```

BATERIJA	VODIK
UGLJIK	INDUSTRIJA
DIZEL	MOTOR
ELEKTRIČNI	NUKLEARNI
ELEKTRON	FOTON
ENTROPIJA	ZAGAĐENJE
OKOLIŠ	OBNOVLJIV
GORIVO	PARA
BENZIN	TURBINA
TOPLINA	VJETAR

9 - Chess

```
N C K E R E K Č O T T H E M V Y
A O H S A Z R A R G I U P G H K
T N Z T J L A R K A Z S R W J E
J F A M I Y L G I I A L K N C G
E Đ L T G G J I N J Z B D O I J
C J A S E E I T V Z O E U Y N R
A M N L T M C L I E V F M B W G
N A O F A V A J T B I L E J I B
J V G G R R L P O W T P N R T W
E T A V T I I H R S A G F U P C
F A J Đ S J V M P Z V U Y J R M
Đ L I T B E A W D B O C Y W V I
C I D M S M R M Đ S V N R R A U
U Č I T I E P N K G T Z K N K Đ
P A S I V N O A U T R U P D A J
K S C A R V E O S F Ž L Đ Z M F
```

CRNA
IZAZOVI
PRVAK
PAMETAN
NATJECANJE
DIJAGONALA
IGRA
KRALJ
PROTIVNIK
PASIVNO

IGRAČ
TOČKE
KRALJICA
PRAVILA
ŽRTVOVATI
STRATEGIJA
VRIJEME
UČITI
TURNIR
BIJELI

10 - Archeology

```
A R L U N P F V Z O G D R T E P
J P U J H B O R G O R R O S J Z
I Đ R Š M N S W W A N A L I Z A
C S U O E Z I C L J C J Y T M S
A P T F F V L Z D I T S O K I T
Z O H R D E I U U V J C A E S R
I Y R F A K S N R K F G G J T U
L W A P P Ž A O E I C Đ C B E Č
I V M O O H I E R L Đ U H O R N
V O K P T T T V E E U I L E I J
I F O K O M N O A R C M A O J A
C Y Đ T M I T Y B Č D O B A A K
H Đ E A A C S Z A B O R A V I O
C D A U K E V A L U A C I J A W
F R A G M E N T I S W S V C J P
Đ M L N E P O Z N A T C B W Y W
```

ANALIZA
KOSTI
CIVILIZACIJA
POTOMAK
DOBA
EVALUACIJA
STRUČNJAK
ZABORAVIO
FOSIL
FRAGMENTI

MISTERIJA
OBJEKTI
PROFESOR
RELIKVIJA
ISTRAŽIVAČ
RUŠEVINE
TIM
HRAM
GROB
NEPOZNAT

11 - Food #2

```
G  J  A  J  E  P  I  L  E  T  I  N  A  J  B  Z
K  R  I  S  L  B  V  N  W  R  N  A  B  A  A  C
K  C  O  D  H  O  I  G  H  U  W  Ž  I  B  N  B
G  O  Y  Ž  H  F  K  U  E  G  J  D  R  U  A  U
M  M  Đ  N  Đ  R  F  R  M  O  L  I  D  K  N  H
D  O  I  N  I  E  S  Z  O  J  T  L  D  A  A  K
A  R  T  I  Č  O  K  A  G  F  Y  T  C  J  L  H
J  P  K  S  K  A  T  J  L  C  W  A  K  N  U  Š
R  A  J  Č  I  C  A  H  R  W  P  P  Đ  Š  K  A
I  T  Đ  M  I  I  D  Z  D  R  A  O  M  E  O  T
O  F  N  O  L  N  A  G  C  Y  Y  B  P  R  R  U
B  C  H  B  P  E  L  N  L  J  S  S  F  T  B  Z
K  J  E  G  K  Š  O  E  F  J  F  F  G  O  H  Z
M  S  I  L  F  P  K  L  C  T  I  R  I  Ž  A  R
W  J  U  S  E  M  O  B  L  P  R  V  W  Z  W  D
M  N  O  G  V  R  Č  K  I  O  O  W  A  I  W  H
```

JABUKA	PATLIDŽAN
ARTIČOKA	RIBA
BANANA	GROŽĐE
BROKULA	ŠUNKA
CELER	KIVI
SIR	GLJIVA
TREŠNJA	RIŽA
PILETINA	RAJČICA
ČOKOLADA	PŠENICA
JAJE	JOGURT

12 - Chemistry

```
K Y J W N R M A O N Z H M Y E O
N J S V R B R O A N I Ž E T L R
O A A O U A R D L B L N T N E G
F A N I L P O T Z E H V A V K A
L N I K D M T C Y E K D L R T N
L I L S N H A L T U Y U I L R S
U Ć P M B Đ Z P G K G N L S O K
W U H O P D I K L O R L V A N I
U K B T E W L D U G H H J N L N
L E W A G L A E N Z I M J I B R
V T K J L G T J V H R L I L K A
I M A R U T A R E P M E T E I E
O M P A L C K I S I K J G S D L
N A Z Đ W S P U W Y M J A I O K
J U Z U Z W T L M P D E T K V U
D O J J B Y K I Y R H S I I V N
```

KISELINA	ION
ATOMSKI	TEKUĆINA
UGLJIK	METALI
KATALIZATOR	MOLEKULA
KLOR	NUKLEARNI
ELEKTRON	ORGANSKI
ENZIM	KISIK
PLIN	SOL
TOPLINA	TEMPERATURA
VODIK	TEŽINA

13 - Music

```
R  I  T  A  M  O  O  Z  E  B  S  H  P  R  J  P
C  N  P  I  P  Z  Y  P  B  W  L  A  J  I  D  J
K  L  A  S  I  Č  N  I  E  O  N  R  E  T  L  E
F  A  W  P  T  F  M  A  A  R  R  M  V  M  I  S
T  E  J  N  A  M  I  N  S  O  A  O  A  I  R  N
C  Đ  U  U  V  G  G  Y  T  T  D  N  Č  Č  S  I
K  D  C  D  E  D  L  J  M  Y  A  I  L  A  K  Č
P  A  T  P  J  E  U  A  G  Z  L  J  D  N  I  K
R  J  C  W  P  J  B  V  Z  V  A  S  A  S  L  I
M  J  U  Z  I  K  L  M  U  B  B  K  U  C  H  E
S  K  L  A  D  A  M  K  M  E  E  I  K  F  Z  G
M  I  K  R  O  F  O  N  Y  A  C  N  M  I  V  K
Y  B  D  N  I  N  M  J  J  R  A  R  I  O  G  N
A  L  B  U  M  N  A  Č  I  T  K  E  L  K  E  N
M  E  L  O  D  I  J  A  V  O  K  A  L  N  I  L
Y  U  O  D  S  W  P  V  V  H  B  V  M  D  V  P
```

ALBUM	MJUZIKL
BALADA	GLAZBENIK
ZBOR	OPERA
KLASIČNI	PJESNIČKI
EKLEKTIČAN	SNIMANJE
HARMONIJSKI	RITAM
SKLAD	RITMIČAN
LIRSKI	PJEVATI
MELODIJA	PJEVAČ
MIKROFON	VOKALNI

14 - Family

```
F  W  O  A  C  D  N  T  M  U  Ž  V  M  Z  C  Z
D  J  E  C  A  D  J  E  E  Č  U  N  U  K  Y  M
Z  W  T  T  Đ  L  K  E  Ć  I  I  F  P  C  F  C
Y  U  E  Z  G  Y  T  N  T  A  K  U  N  U  W  Y
G  K  J  Z  L  Y  M  I  D  I  K  A  J  U  S  I
Y  F  I  O  Z  K  D  I  F  K  N  G  F  U  Y  M
B  P  D  M  A  V  J  B  B  S  A  J  O  Z  B  A
S  E  S  T  R  A  E  R  H  N  K  P  S  I  Đ  J
R  O  Đ  A  K  J  D  A  M  I  K  Ć  I  T  S  K
G  Z  Y  G  A  N  K  T  K  Č  F  Z  V  F  V  A
K  F  J  U  D  I  S  E  B  O  V  Y  T  D  R  O
L  U  H  R  E  K  T  M  A  J  Č  I  N  S  K  I
R  B  G  P  R  A  V  D  Đ  G  I  H  P  Y  Y  U
W  E  F  U  P  Ć  G  H  E  E  M  U  J  K  S  C
P  A  N  S  W  E  Z  C  W  C  D  E  K  B  B  U
R  B  D  W  E  N  B  P  K  L  Y  U  Z  O  S  U
```

PREDAK	UNUK
TETKA	MUŽ
BRAT	MAJČINSKI
DIJETE	MAJKA
DJETINJSTVO	NEĆAK
DJECA	NEĆAKINJA
ROĐAK	OČINSKI
KĆI	SESTRA
UNUČE	UJAK
DJED	SUPRUGA

15 - Farm #1

```
Y  B  D  J  N  B  M  S  D  E  U  P  P  K  C  P
T  E  L  E  U  L  A  W  B  N  S  A  Z  O  K  O
R  K  B  M  A  M  G  F  H  L  T  S  Ž  V  B  L
F  N  Đ  P  G  P  A  B  Đ  F  Y  B  H  I  F  J
N  E  E  Y  A  G  R  V  J  N  R  V  N  J  R  O
I  M  R  K  G  E  A  M  Z  P  W  N  T  O  U  P
Đ  E  A  R  E  O  C  D  N  B  F  J  Z  N  S  R
C  J  O  G  R  A  D  A  L  E  Č  P  K  G  S  I
T  S  G  T  Đ  I  B  F  N  N  S  W  P  P  N  V
B  I  Z  O  N  P  O  L  J  E  I  C  V  J  T  R
F  K  A  A  N  I  T  E  L  I  P  V  R  F  N  E
K  B  V  G  E  E  D  F  Z  U  J  A  A  D  U  D
H  R  M  Y  O  N  J  M  A  Č  K  A  N  K  U  A
V  V  A  S  O  C  M  I  V  O  D  A  A  O  B  G
O  V  I  V  Y  S  Đ  W  S  Đ  M  Y  W  N  V  L
M  E  D  B  A  B  V  W  P  L  P  A  I  J  I  J
```

POLJOPRIVREDA	OGRADA
PČELA	GNOJIVO
BIZON	POLJE
TELE	KOZA
MAČKA	SIJENO
PILETINA	MED
KRAVA	KONJ
VRANA	RIŽA
PAS	SJEMENKE
MAGARAC	VODA

16 - Camping

```
J P E W J T D U B A Đ S R D P M
S F I R S I B Z A E F I P W A M
E M Đ J J F Z Đ O H Z Z R U V S
Đ T J K A R T A R G I R I Š E Š
L P C E W N S C U Đ Y R R E C B
F R R W S D R V E Ć A V O F G P
R M D B M E P R T P O E D U R W
K O M P A S C A K U K G A Y O V
H A R T A V O L U Ž E Y Y S P N
Đ R O E J N I T O V I Ž K O J Đ
E U T I Z O W K B N Y E O A D W
E T A M H E L A M U Š I A V N K
T N Š U U J J B F A C G P A T U
W A Ć E S I V I J D T Đ B B L N
A V L O N W A N I N A L P A T F
L A N M G V Z A N N C I F Z T K
```

AVANTURA
ŽIVOTINJE
KABINA
KANU
KOMPAS
VATRA
ŠUMA
ZABAVA
VISEĆA
ŠEŠIR

LOV
KUKAC
JEZERO
KARTA
MJESEC
PLANINA
PRIRODA
UŽE
ŠATOR
DRVEĆA

17 - Algebra

```
H  J  R  C  N  A  D  E  M  G  V  R  H  F  N  L
C  H  R  S  D  D  N  O  K  I  F  A  R  G  U  I
A  Đ  G  J  V  G  S  N  D  S  Z  W  U  N  L  N
V  M  Z  N  Z  Đ  B  Ž  E  A  P  M  S  U  A  E
M  P  H  R  E  R  D  A  C  Đ  T  O  D  Z  Đ  A
F  T  R  M  S  U  L  L  J  K  L  A  N  R  A  R
B  R  O  J  T  T  E  W  C  H  C  K  E  M  N
P  O  B  F  R  A  K  C  I  J  A  I  N  D  N  I
Z  U  I  Đ  K  T  D  I  J  A  G  R  A  M  R  T
C  A  L  B  A  J  I  R  A  V  L  T  L  E  J  F
R  R  G  A  T  M  B  O  O  F  U  A  E  L  E  O
H  F  U  R  W  U  M  T  R  W  L  M  J  B  Š  R
Đ  O  N  Č  A  N  O  K  S  E  B  K  D  O  E  M
H  R  B  J  L  D  V  A  D  E  G  F  O  R  N  U
R  Y  F  C  L  D  A  F  T  P  U  P  P  P  J  L
J  E  D  N  A  D  Ž  B  A  L  T  L  B  B  E  A
```

DODATAK
DIJAGRAM
PODJELA
JEDNADŽBA
EKSPONENT
FAKTOR
LAŽNO
FORMULA
FRAKCIJA
GRAFIKON

BESKONAČNO
LINEARNI
MATRICA
BROJ
ZAGRADA
PROBLEM
RJEŠENJE
VARIJABLA
NULA

18 - Numbers

```
Đ  Đ  T  S  E  A  N  M  A  D  E  S  O  V  P  H
Š  N  Z  Đ  H  C  Y  S  M  V  G  P  S  P  O  G
Č  E  B  Y  P  B  A  O  K  A  T  E  A  F  E  D
Y  E  S  Č  E  T  I  R  I  D  R  T  M  A  U  E
I  W  T  T  H  R  I  S  E  I  C  D  N  B  C
O  D  S  R  E  H  C  O  T  S  B  Z  E  Z  G  I
T  S  E  A  N  I  R  T  S  E  A  N  S  E  Š  M
S  J  A  D  S  A  W  G  E  T  E  V  E  D  R  A
E  E  N  H  C  D  E  I  A  S  F  S  T  O  F  L
D  D  A  T  D  W  C  S  N  E  J  W  E  K  P  A
A  A  V  R  A  Z  F  K  T  A  N  P  U  V  U  N
M  N  D  R  I  C  Y  J  E  N  R  L  S  D  F  E
N  A  W  P  I  W  P  K  V  M  D  V  A  U  O  B
O  C  W  Đ  F  Z  T  S  E  A  N  T  E  P  G  O
P  E  E  A  S  Y  U  W  D  S  R  K  M  N  R  F
Đ  U  F  U  F  K  J  P  T  O  Y  Y  C  C  Y  A
```

DECIMALA	SEDAM
OSAM	SEDAMNAEST
OSAMNAEST	ŠEST
PETNAEST	ŠESNAEST
PET	DESET
ČETIRI	TRINAEST
ČETRNAEST	TRI
DEVET	DVANAEST
DEVETNAEST	DVADESET
JEDAN	DVA

19 - Spices

```
Č S R R E R Y J U K U L G H Đ
E K L D L E L S H Y U L P V R R
Š F O A V P A P A R M M M Y L D
N I S K T E M I C R G Đ I E S E
J K H I L K W W N U K T Đ N N D
A A V R R H O E K C O G O R A K
K R Š P P E C F I A R A H O J D
I D A A C I V A K S I P U K I I
Đ A F P S V I S A Z J Z C D L V
T M R E O V A Y Đ E A E E S I G
Z O A N P K A N I S N S J A N S
S M N U R K U U K M D P A S A B
K O M O R A Č S T E E M D D V N
Đ U M B I R E K A E R C H O U D
S B C O B W U Y L B Z R L C U A
Z H G Y G Y Y V S D Y E F M U L
```

ANIS
GORAK
KARDAMOM
CIMET
KORIJANDER
KUMIN
CURRY
KOMORAČ
PISKAVICA
OKUS

ČEŠNJAK
ĐUMBIR
SLATKI
LUK
PAPRIKA
PAPAR
ŠAFRAN
SOL
SLATKO
VANILIJA

20 - Universe

```
A S T R O N O M I J A E V R Y Y
V I D L J I V V E F Z F G P W O
Š G I L A R E F S I M E H H J I
H I Đ K M P O K S E L E T D D A
M P R M E M N A H O R I Z O N T
I V P I I D P G T U R A N B P S
E N R T N J F N D M M J L E Đ O
S E J G T A T M M I O I V N S R
C B Z O D I J A K K N S R V O B
N E Z C J E V V F O O K F F G I
B S S U N Č A N O Z R A U E H T
N K B E T A M A B M T L G V R A
F I W R J H F U K I S A L K S A
G O Đ Y T M O N P Č A G L O F J
S O L S T I C I J K P N G C K M
A S T E R O I D S I T U G L I F
```

ASTEROID	HORIZONT
ASTRONOM	ŠIRINA
ASTRONOMIJA	MJESEC
ATMOSFERA	ORBITA
NEBESKI	NEBO
KOZMIČKI	SUNČANO
TAMA	SOLSTICIJ
EON	TELESKOP
GALAKSIJA	VIDLJIV
HEMISFERA	ZODIJAK

21 - Mammals

```
E Z O M C O M G Y R A J B V A K
T E I S Y V A L R H V K Đ Z R O
M C M K D P Č F L V W W A Y S J
S W Y Z C N K O A D A B A R N O
Đ F D W J A A O F R J E C V O T
H Đ U W U R L B Đ E I W B M S L
A R P S L N Y T H M Y Ž D Y I I
W H I Y K J Đ S U W Đ U O K T S
A V N U M J A M G P U K J O I I
H S A P S Đ N J P P N K V N C C
I L H N W H G K G J J G G J B A
Z O P I D A L L K V M F K S I E
C N F K L B D O K F U O G K K T
U W K K M A U K M L C K N B I B
G O R I L A T A U P H I F J H T
Z E B R A C M N P O U A T U R W
```

SNOSITI   GORILA
DABAR   KONJ
BIK   KLOKAN
MAČKA   LAV
KOJOT   MAJMUN
PAS   ZEC
DUPIN   OVCE
SLON   KIT
LISICA   VUK
ŽIRAFA   ZEBRA

22 - Fishing

```
J  K  L  M  G  I  T  S  U  J  L  E  Č  S  P  M
Č  A  M  A  C  M  E  G  R  K  Š  E  A  T  R  E
G  B  R  C  K  K  Ž  Y  P  K  N  R  F  R  E  M
G  P  T  I  U  V  I  C  G  M  O  U  B  P  T  S
T  D  L  Ž  K  A  N  K  T  L  L  M  Y  L  J  E
I  C  J  A  A  G  A  R  A  Š  O  K  A  J  E  Đ
Đ  Z  F  M  Ž  A  I  K  O  C  E  A  N  E  R  J
Y  B  S  E  S  A  B  I  E  R  J  J  A  N  I  U
T  B  W  R  Z  P  Y  J  S  J  E  R  A  J  V  T
F  O  H  P  P  E  R  A  J  E  I  Đ  L  E  A  N
Y  Đ  D  O  J  E  Z  E  R  O  I  R  M  B  N  Z
H  M  E  Y  I  T  Đ  W  Z  M  A  M  E  S  J  E
S  E  Z  O  N  A  W  O  I  T  A  H  U  K  E  P
G  A  W  R  L  A  F  N  C  O  E  M  T  I  Y  N
P  Y  L  G  W  M  M  M  I  I  Y  O  A  E  P  S
F  A  G  V  O  D  A  O  E  S  G  M  O  C  M  H
```

MAMAC	ČELJUST
KOŠARA	JEZERO
PLAŽA	OCEAN
ČAMAC	STRPLJENJE
KUHATI	RIJEKA
OPREMA	VAGA
PRETJERIVANJE	SEZONA
PERAJE	VODA
ŠKRGE	TEŽINA
KUKA	ŽICA

23 - Restaurant #1

```
M W H K W J T T R E S E D O J I
B I T T U J A M E A V U R R Y E
J E L O V N I K Z Y P M R M U N
V J N S N Đ N K E U M A K B V B
Z D O E Z L T U R K M C Đ I U L
A D Ž M L R U H V A W I Y J R A
K L J K H L K I A N A R H W Y G
M T B E T U A N C E N A W K W A
V W I Z L J N J I S D B S O P J
P T Y J P A I A J Đ P O V L R N
P M N F R E T E A N T N D U T I
D M T U A M E D G J S O R E A K
S L L O I T L Z Đ T E K K M N D
K R U H B H I C J O T S A S J F
J M W U R V P G L Z Z C T F U P
K A V A B A L E R G I J A I R F
```

ALERGIJA
ZDJELA
KRUH
BLAGAJNIK
PILETINA
KAVA
DESERT
HRANA
SASTOJCI
KUHINJA

NOŽ
MESO
JELOVNIK
UBRUS
TANJUR
REZERVACIJA
UMAK
AKUTNI
JESTI
KONOBARICA

24 - Bees

```
H F V K N U M C A K U K V K G W
K R H U A H K V I J V D O L O E
V Z A J M A C I N Š O K S B P P
B U G N O O O J O R A I A D K T
U I T K A J D E M E K W K H S B
E H L E W R U Ć V O Ć E C N U S
E A N J A S L E Z R U D N I R L
E K U U E Đ E E R K C E N K D F
B B O O C C P O P R A Š I V A Č
Y I T S O K I L O N Z A R M C N
H I M M U S T A N I Š T E D F A
V R T R C S S T E J A E D I A R
R K Đ H V M T E J I V C G M V C
B H M V O N G A C I J L A R K B
Y Z V K P C T P V K O R I S N O
Z B N K E Z N C L Z O Y P G U F
```

KORISNO
CVIJET
RAZNOLIKOST
EKOSUSTAV
CVIJEĆE
HRANA
VOĆE
VRT
STANIŠTE
KOŠNICA

MED
KUKAC
BILJE
PELUD
OPRAŠIVAČ
KRALJICA
DIM
SUNCE
ROJ
VOSAK

25 - Photography

```
R  J  R  S  G  Y  K  E  K  A  M  E  R  A  R  G
T  E  R  T  R  O  P  Đ  D  J  D  N  I  J  J  F
P  A  R  U  T  S  K  E  T  I  I  E  V  O  E  V
T  E  M  D  E  R  P  K  K  C  A  J  K  B  C  W
C  A  R  A  N  R  C  G  Đ  I  Y  S  O  N  O  N
R  U  Đ  S  C  D  D  O  W  N  V  T  R  C  O  K
Đ  A  G  V  P  I  R  B  G  I  S  A  S  T  A  V
T  K  K  I  L  E  Z  B  L  F  S  A  T  T  O  V
S  I  N  D  I  V  K  L  R  E  E  Đ  U  G  K  E
A  T  N  N  Đ  Y  G  T  O  D  A  F  U  T  P  L
R  A  S  V  J  E  T  A  I  Ž  S  U  U  Z  O  O
T  Š  L  M  F  Z  S  M  I  V  B  T  W  W  G  B
N  K  T  A  I  D  C  R  L  Y  A  A  N  Y  L  J
O  E  I  W  S  P  V  O  T  B  L  C  U  V  E  E
K  M  R  H  M  J  J  F  H  I  V  A  M  Đ  D  K
R  O  S  S  U  Y  J  M  H  N  I  M  S  G  C  T
```

CRNA	RASVJETA
KAMERA	OBJEKT
BOJA	PERSPEKTIVA
SASTAV	PORTRET
KONTRAST	SJENE
TAMA	OMEKŠATI
DEFINICIJA	PREDMET
IZLOŽBA	TEKSTURA
FORMAT	POGLED
OKVIR	VIDNI

26 - Adventure

```
W A M E R P I R P P H S M Đ A Z
D F D A E R A R E N I T I R Y F
D A W Ć B I A K T I V N O S T N
I Y H O Đ R K G S I P E T E S O
Z Z L K M O I C O Z R N Đ F O V
M M N Š J D L A D A I T H Z R O
J F A E C A I S A Z J U L C B T
U F Z T N A R I R O A Z J S A J
S U H J U A P K U V T I E I R F
H L M D Đ Z Đ A M I E J P G H V
W Y C W B O B U T E L A O U A B
N E O B I Č N O J M J Z T R U Y
B I Z L E T N P G U I A A N W B
N A V I G A C I J A Ć M C O F Y
O P A S N O K A D T D I V S R T
O D R E D I Š T E K J B H T K O
```

AKTIVNOST
LJEPOTA
HRABROST
IZAZOVI
PRILIKA
OPASNO
ODREDIŠTE
TEŠKOĆA
ENTUZIJAZAM
IZLET

PRIJATELJI
ITINERAR
RADOST
PRIRODA
NAVIGACIJA
NOVO
PRIPREMA
SIGURNOST
IZNENAĐUJUĆI
NEOBIČNO

27 - Sport

```
K  B  I  C  I  K  L  I  Z  A  M  V  P  J  J  M
O  Y  M  I  Š  I  Ć  I  P  K  Z  Y  Đ  I  O  E
S  J  M  A  K  S  I  M  I  Z  I  R  A  T  I  T
T  P  O  P  F  S  T  V  K  Y  S  M  D  S  O  A
I  S  L  G  M  Z  D  U  S  F  S  A  H  O  R  B
Y  P  S  E  G  K  J  L  T  S  N  Y  O  V  A  O
R  O  M  N  S  I  U  P  R  O  L  E  J  I  T  L
Y  S  V  T  A  P  N  M  O  O  S  J  L  J  G  I
D  O  S  R  T  G  M  G  P  B  Đ  K  I  L  Z  Č
U  B  V  E  E  D  A  U  S  Z  V  E  C  Ž  I  K
N  N  Đ  N  J  T  R  A  Đ  N  Z  S  W  R  S  I
J  O  W  E  I  Z  G  E  R  P  A  F  P  D  U  M
Z  S  W  R  D  D  O  O  E  V  K  M  D  Z  L  G
Đ  T  H  A  N  A  R  H  S  I  T  A  V  I  L  P
Y  E  N  O  P  N  P  S  P  O  R  T  A  Š  Đ  M
Z  D  R  A  V  L  J  E  P  N  R  T  Y  S  U  O
```

SPOSOBNOST	ZDRAVLJE
SPORTAŠ	JOGGING
TIJELO	MAKSIMIZIRATI
KOSTI	METABOLIČKI
TRENER	MIŠIĆI
BICIKLIZAM	ISHRANA
PLES	PROGRAM
DIJETA	SPORTSKI
IZDRŽLJIVOST	SNAGA
CILJ	PLIVATI

28 - Restaurant #2

```
T  L  U  M  Z  Y  K  O  V  A  V  S  U  E  E  F
O  E  H  R  A  B  O  N  O  K  P  Y  O  Z  S  M
R  D  L  F  Č  C  W  N  E  A  A  E  N  L  G  F
T  I  I  R  I  H  U  R  T  I  R  J  S  E  Đ  V
A  U  D  K  N  F  Z  C  Y  T  P  R  U  F  V  G
H  H  I  J  I  K  N  F  R  J  G  P  K  K  C  K
Y  Đ  U  R  E  Z  A  N  C  I  G  C  U  Đ  Ž  T
S  U  D  J  V  L  J  S  S  G  G  L  U  Z  L  F
T  D  V  L  R  I  B  A  W  D  V  P  N  U  I  E
O  Z  I  O  Y  H  F  Đ  T  E  O  E  B  G  C  P
L  P  W  G  L  A  Z  Đ  K  U  Ć  C  C  D  A  P
I  N  I  C  P  W  W  E  D  S  E  Ć  R  V  O  P
C  S  W  Ć  K  S  J  S  A  L  A  T  A  E  G  Z
A  B  T  O  E  V  T  O  J  R  U  Č  A  K  O  W
P  G  G  V  E  Č  E  R  A  V  I  L  I  C  A  S
Z  F  C  O  V  O  D  A  J  G  G  L  H  E  I  B
```

PIĆE	RUČAK
TORTA	REZANCI
STOLICA	SALATA
UKUSNO	SOL
VEČERA	JUHA
JAJA	ZAČINI
RIBA	ŽLICA
VILICA	POVRĆE
VOĆE	KONOBAR
LED	VODA

29 - Geology

```
C K A V E R N A L N A K L U V M
J I C L A K B K R P H R F A Z C
N U K N F J U O I C M I O K V R
A F J L O S E R T O P S S J M A
J C D U U V M A F H V T I N Y V
R L R B E S I L C O T A L P R K
W P F Z Đ Y I J O L S L E I G N
F K I H N I L A R E N I M Đ F Z
L D A R B Y G E J Z I R K J J M
B J U N B C H A B Y Z T U H D V
K G A J I Z O R E E V C L M B C
U L N A R L P D S J G Y D C D H
K O N T I N E N T N T S O I L Y
U Y N J P B S S T A L A K T I T
L Z V W W U S G I A T L T H S N
F E N W K A M E N K D W Z S T P
```

KISELINA	GEJZIR
KALCIJ	LAVA
KAVERNA	SLOJ
KONTINENT	MINERALI
KORALJA	PLATO
KRISTALI	KVARC
CIKLUSI	SOL
POTRES	STALAKTIT
EROZIJA	KAMEN
FOSIL	VULKAN

30 - House

```
P B Z I G O L R H J K V P K W Y
R F Y F N V R A T A N R O L V E
O D I Đ T S B D T T J T T H T E
Z J P Y D V C A Đ Š I E K K R R
O Y U H S J S R P E Ž Đ R N Z H
R E E Đ T E Z G R J N Đ O N J V
A H I T Y T R O T M I O V T H E
M E T L A I T G U A C V L V F C
K H G T Ž L F U C N A Đ J K T S
U Y W J A J Đ W Š J Y O E S I L
H O R I R K D Z M C O P T O P Đ
I S Z Đ A A F Z K Đ K L K B K G
N U I M G T Z C R T A Y N A E M
J D D H O A B U O L A D E L G O
A K K I E S E J V A Z E Z R J H
K A M I N V Y T O F Y Đ Đ W G H
```

POTKROVLJE
METLA
ZAVJESE
VRATA
OGRADA
KAMIN
KAT
NAMJEŠTAJ
GARAŽA
VRT

TIPKE
KUHINJA
SVJETILJKA
KNJIŽNICA
OGLEDALO
KROV
SOBA
TUŠ
ZID
PROZOR

31 - Physics

```
N R E L A T I V N O S T G Z R B
E U Č B D D N O M Z N Đ A Z L E
L U K E R W Y I A L U M R O F Y
E B J L S Z I K S J I M E K U S
K R J K E T G O A R L Z S B N K
T Z U R I A I R Đ A Ć O T S U G
R A R D J K R C H J G O G A M Y
O N I L P C F N A I Y W I A E G
N J N T L A W C I C V J G J H E
E E Z M A Z I T E N G A M A A U
P R O Š I R E N J E K B N L N H
B R Z I N A S Z J V H A H A I O
R Z K S L T K I V K A C O Đ K J
U M O L E K U L A E S L N S A I
Z T O Y K I Z P S R O T O M Z C
U A T O M O U A F F R R R S Đ P
```

UBRZANJE
ATOM
KAOS
KEMIJSKI
GUSTOĆA
ELEKTRON
MOTOR
PROŠIRENJE
FORMULA
FREKVENCIJA

PLIN
MAGNETIZAM
MASA
MEHANIKA
MOLEKULA
NUKLEARNI
ČESTICA
RELATIVNOST
BRZINA

32 - Dance

```
I  Z  R  A  Ž  A  J  A  N  T  Y  J  T  F  U  C
N  T  R  A  D  I  C  I  O  N  A  L  A  N  M  F
Č  A  K  A  D  E  M  I  J  A  V  I  P  P  J  G
I  N  P  W  J  B  E  K  E  S  Z  N  S  O  E  N
S  C  R  H  K  S  O  W  E  M  G  T  O  K  T  O
A  K  U  L  T  U  R  A  G  E  O  N  Y  R  N  E
L  R  R  L  K  A  A  S  D  Đ  I  C  B  E  O  I
K  V  N  H  S  H  U  M  G  R  F  C  I  T  S  H
P  A  R  T  N  E  R  A  R  Đ  Ž  N  C  J  T  A
T  T  R  A  D  O  S  T  A  N  D  A  H  A  A  S
K  T  V  I  D  N  I  I  H  M  U  F  N  I  H  R
E  S  K  O  K  V  P  R  I  Z  U  S  P  J  S  Y
J  O  A  J  I  F  A  R  G  O  E  R  O  K  E  H
Đ  L  E  I  F  Y  E  P  O  L  E  J  I  T  V  A
Đ  I  N  N  S  E  H  I  R  B  J  E  T  G  U  S
M  M  K  U  L  T  U  R  N  I  A  B  Z  A  L  G
```

AKADEMIJA	RADOSTAN
UMJETNOST	SKOK
TIJELO	POKRET
KOREOGRAFIJA	GLAZBA
KLASIČNI	PARTNER
KULTURNI	DRŽANJE
KULTURA	PROBA
EMOCIJA	RITAM
IZRAŽAJAN	TRADICIONALAN
MILOST	VIDNI

33 - Coffee

```
D M R E B P T E V N R O F L P S
Y C L W P I L G L A R O M A B A
P Y H I R T D G B N Y A A M F M
P Đ I L J I S B C I I N D E G L
L H E P D E U O I Ć C E E R C J
F R B J I H K V J U H Ž F K K E
V S J F I Ć O O E K J R C O D T
O P L M F O E Š N E P P M R K I
O Z Y H K Đ I E A T T S L T Y N
Y B V B B C W Ć S K Y E I U Š W
C P C K S I V E R A N V K J A V
A Y A A N R C R A T L I F S L V
P O D R I J E T L O P R L J I D
D F O O L E S I K V A H H S C T
O S V G O C C V E O U I P B A N
U P T M B Đ D I F B Đ D S N D D
```

KISELO
AROMA
PIĆE
GORAK
CRNA
KOFEIN
KREMA
ŠALICA
FILTAR
OKUS

SAMLJETI
TEKUĆINA
MLIJEKO
JUTRO
PODRIJETLO
CIJENA
PRŽENA
ŠEĆER
PITI
VODA

34 - Shapes

```
M P W H M G R U Y O Z H P U S N
F R B J I U B H T W T Y I A T B
K A C M M P V P O M A B R Đ R I
O V R R E V E Z Đ J L S A O A C
N O J A T M R R W Y C J M R N V
U K M D P A M Đ B H A O I T A L
S U K N G G Y N P O J H D N S B
I T V I R U B O V I L Y A L U K
G N A L H R Đ G D P U A R E F S
U I D I F K V I T A V S Đ N P R
Đ K R C O V A L A N I P K L M B
U K A G M J M O H C R I W U M Đ
A N T A Đ H Z P A O K L D E T B
K O C K A Y I L G F F E O V M N
L J N Đ U U R T R O K U T K P O
M T U R J H P I C Y A R P I O T
```

LUK	CRTA
KRUG	OVALAN
KONUS	POLIGON
KUT	PRIZMA
KOCKA	PIRAMIDA
KRIVULJA	PRAVOKUTNIK
CILINDAR	STRANA
RUBOVI	SFERA
ELIPSA	KVADRAT
HIPERBOLA	TROKUT

35 - Scientific Disciplines

```
A M K S W A R I P T E B A S Đ B
R I I O A J I M E K K I N E U I
H N N C S I M U O J O O A A P O
E E E I T G N N L D L L T J K K
O R Z O R O T O S V O O O I R E
L A I L O L J L K A G G M G K M
O L O O N O Y O U J I I I O D I
G O L G O O P G V I J J J L M J
I G O I M Z Z I A G A A A O F A
J I G J I U S J B O T A N I K A
A J I A J O P A I L C H O Z K S
L A J R A N E U R O L O G I J A
G R A L Z Z S B V H U K O F C P
M E H A N I K A J I G O L O E G
R S D B M A K I T S I V G N I L
J L O Z L W S S W P O J Đ M V E
```

ANATOMIJA
ARHEOLOGIJA
ASTRONOMIJA
BIOKEMIJA
BIOLOGIJA
BOTANIKA
KEMIJA
EKOLOGIJA
GEOLOGIJA
IMUNOLOGIJA

KINEZIOLOGIJA
LINGVISTIKA
MEHANIKA
MINERALOGIJA
NEUROLOGIJA
FIZIOLOGIJA
PSIHOLOGIJA
SOCIOLOGIJA
ZOOLOGIJA

36 - Science

```
G G Đ Č I N J E N I C A G Č U M
R A E H Đ A J I C U L O V E A O
A H E K S P E R I M E N T S C L
V F I R G C H U C A O B S T I E
I J O P B I C O A Z Y T I I H K
T I K S O U H K D I T M A C R U
A W V M I T F S O N W V K E N L
C H J P Y L E C P A M I L K U E
I M E T O D A Z G G F I Z I K A
J U D C S P I L A R E N I M U D
A K E M I J S K I O B I L J E D
D V P U T N H S O J Đ L N G C E
M K G R B U H P R I R O D A O O
V A P N K Z N A N S T V E N I K
K V B F A T L R W A A I T B Y V
L A B O R A T O R I J P V H P W
```

ATOM
KEMIJSKI
KLIMA
PODACI
EVOLUCIJA
EKSPERIMENT
ČINJENICA
FOSIL
GRAVITACIJA
HIPOTEZA

LABORATORIJ
METODA
MINERALI
MOLEKULE
PRIRODA
ORGANIZAM
ČESTICE
FIZIKA
BILJE
ZNANSTVENIK

37 - Beauty

```
Š P D T L Y R G V G E G U L S U
P A R M A S K A R A L V T S H M
M K M O K O Ž A S Đ E Y K E A B
J N R P I R Y R J H G M I R I S
R I A G O Z Z K A G A Z H K P P
U M Š Y L N V A P L N S F B B U
Ž Š Y D H D P O C F T S O L I M
T I G I Y A I P D A A G T O T S
K O Z M E T I K A I N T O G F T
K B O W B A E J D W V Đ G L J I
Š G E V H K F V Đ D F J E E N L
R K K O V R Č E Y R D P N D U I
Y N A J I C N A G E L E I A L S
J H Z R J P Đ I P M N J Č L J T
V J N E E P D V V L R Đ A O A H
P B O J A H H F I A K H N O Y Y
```

ŠARM
BOJA
KOZMETIKA
KOVRČE
ELEGANCIJA
ELEGANTAN
MIRIS
MILOST
RUŽ
ŠMINKA

MASKARA
OGLEDALO
ULJA
FOTOGENIČAN
PROIZVODI
ŠKARE
USLUGE
ŠAMPON
KOŽA
STILIST

38 - Clothes

```
B F N Y Y N T M U O I P P Đ N U
M L O O M F R J N R V K O R Đ Z
N A U T P W A F E A N I J L A H
O Š J Z E S P J G D K R A K C V
S Y L C A A E M I O L I S P I C
G A O Y W N R J F M P Š T D V H
K O A O P D I P M J Đ E D Z K O
K A P U T A C Đ I D N Š V P U E
H E M F O L E M M D M J P D R P
Z C L U U E Č A L H Ž T H H A R
C I P E L A A Đ S F V A B Đ N E
O V K O Š U L J A Đ D G M Z P G
K A D Ž E M P E R H B Y C A K A
W K J A K N A L F W D U A D Z Č
M U S U K N J A Đ Y I K H V O A
T R U G U H Y R F Z F Y G W A H
```

PREGAČA	TRAPERICE
POJAS	NAKIT
BLUZA	PIDŽAMA
NARUKVICA	HLAČE
KAPUT	SANDALE
HALJINA	ŠAL
MODA	KOŠULJA
RUKAVICE	CIPELA
ŠEŠIR	SUKNJA
JAKNA	DŽEMPER

39 - Astronomy

```
S T C N U A J I C O N I V K E M
K U J T M R N A K E S V Z O O T
U A P C G S C F P Z E K A Z O A
P N M E W A O M N E Đ O E M U H
G O A S R O E T E M P S L O H Y
H R G E R N H T I L E T A S O J
F T L J Đ P O W A J R A K E T A
Z S I M B P C V A A T E N A L P
R A C O A J I C A L E T S N O K
A R A N P O M R Č I N A H M B Z
Č K O O Y U V K S E U M Y Y E O
E W B R T B B N G R U Đ O T N D
N Đ P T G A L A K S I J A N P I
J C D S Z P U A O M H V D M B J
E Z D A C I N R A D Z E J V Z A
M A S T E R O I D W P A J R C K
```

ASTEROID

ASTRONAUT

ASTRONOM

KONSTELACIJA

KOZMOS

ZEMLJA

POMRČINA

EKVINOCIJA

GALAKSIJA

METEOR

MJESEC

MAGLICA

ZVJEZDARNICA

PLANETA

ZRAČENJE

RAKETA

SATELIT

NEBO

SUPERNOVA

ZODIJAK

40 - Health and Wellness #2

```
A S T O K I T A N E J I G I H M
G T E O A N C N I M A T I V M A
W Ž Ž A L F O A T E J I D A U S
I E I J O E P T S E L O B R E A
I S N I R K O O I L E O S D I Ž
C S A C I C R M O T H G Z Z I A
S Y H A J I A I F B E S U T K J
H Y F R A J V J U O E P U H B I
G G N D A A A A D K O E A F T G
G E E I K N K J B O L N I C A R
K Đ N H J N A I E C Y T W F L E
B C Z E M E C G Z Y H M K Z K N
V R T D T T A R J Y J D S K R E
Y Đ E J O I P E E D Đ H K D V U
M W Y C M D K L D F A I S H R U
W G W O W O H A U R A P J G S F
```

ALERGIJA	ZDRAV
ANATOMIJA	BOLNICA
APETIT	HIGIJENA
KRV	INFEKCIJA
KALORIJA	MASAŽA
DEHIDRACIJA	ISHRANA
DIJETA	OPORAVAK
BOLEST	STRES
ENERGIJA	VITAMIN
GENETIKA	TEŽINA

41 - Disease

```
T E R A P I J A U P A L A I S K
D I Š N I B K P N V U O B M R O
R Đ O E T H I S M F D I C U C S
Z F R G O Z N J T T O F M N E T
U Y F O L E J I T E O F U I A I
A J I T A P O R U E N O P T L K
G S G A H Z B B N D D E S E E S
Z M N P P L U Ć N I E Z G T R J
G A S I N D R O M K J D U A G I
A K R P O O D Y Z R L R D A I R
H K T A O P I P T O S A M K J E
S L A B Z C O W Y N A V C F E T
E L V U A A K L U I N L W D M K
E Y F D L W N H W Č E J J W O A
V Y I O Z V U I R A R E B V R B
L Đ Y Z J M S S E N L L E W M Z
```

ALERGIJE

BAKTERIJSKI

TIJELO

KOSTI

KRONIČAN

ZARAZAN

GENETSKI

ZDRAVLJE

SRCE

NASLJEDNO

IMUNITET

UPALA

NEUROPATIJA

PATOGENA

PLUĆNI

DIŠNI

SINDROM

TERAPIJA

SLAB

WELLNESS

42 - Time

```
D  Z  M  O  F  T  J  U  U  T  P  H  R  S  H  P
F  S  N  Y  Y  P  C  E  S  E  J  M  F  N  V  U
H  A  A  D  A  S  N  J  P  K  J  Y  J  W  R  I
G  N  D  T  N  V  A  I  W  R  O  A  T  R  G  Đ
Đ  A  E  M  I  U  N  R  S  E  A  R  W  D  Y  Z
T  D  J  H  D  I  L  P  V  Č  T  N  O  E  Y  E
K  S  T  D  O  J  S  I  W  U  U  A  O  F  U  I
H  J  D  C  G  L  U  U  S  J  N  D  H  Y  G  Đ
J  U  A  Z  Ć  C  L  Y  A  Y  I  E  W  B  K  T
Y  J  G  P  O  D  N  E  V  H  M  E  E  H  H  B
K  N  I  J  N  Š  I  D  O  G  N  P  H  Đ  D  Y
C  I  C  S  T  O  L  J  E  Ć  E  C  J  L  S  P
Z  U  I  J  U  T  R  O  M  E  I  H  E  U  M  F
K  A  L  E  N  D  A  R  D  I  I  R  G  Y  J  D
G  M  G  N  T  B  U  D  U  Ć  N  O  S  T  H  W
D  Đ  N  I  Y  K  D  E  S  E  T  L  J  E  Ć  E
```

GODIŠNJI	MJESEC
PRIJE	JUTRO
KALENDAR	NOĆ
STOLJEĆE	PODNE
SAT	SADA
DAN	USKORO
DESETLJEĆE	DANAS
RANO	TJEDAN
BUDUĆNOST	GODINA
MINUTA	JUČER

43 - Buildings

```
W  E  J  E  Z  K  G  A  S  J  K  T  S  T  K  S
Z  P  I  M  G  V  R  O  D  B  C  A  M  V  A  T
L  B  S  V  E  O  J  N  A  R  O  T  A  O  Z  A
M  U  Z  E  J  Y  E  E  F  V  Z  R  T  R  A  J
L  O  I  V  I  A  J  T  Z  L  T  M  M  N  L  A
U  Z  Y  V  R  Z  K  Š  G  D  H  K  J  I  I  I
W  E  Š  K  O  L  A  I  M  C  A  U  N  C  Š  H
S  T  A  N  T  A  N  L  N  N  I  R  U  A  T  O
A  V  R  Đ  A  B  I  I  H  O  Y  O  N  B  E  T
M  H  B  U  R  J  B  Č  N  I  Y  T  R  I  Z  E
S  C  O  Đ  O  Đ  A  U  T  D  O  A  S  V  C  L
T  W  O  P  B  H  K  E  R  A  V  Š  A  R  M  A
S  I  M  H  A  J  P  V  Z  T  K  O  M  J  N  W
P  J  O  M  L  J  A  S  W  S  V  Đ  R  C  I  K
H  O  S  T  E  L  B  O  L  N  I  C  A  A  V  G
S  U  P  E  R  M  A  R  K  E  T  P  F  Z  C  K
```

STAN	LABORATORIJ
STAJA	MUZEJ
KABINA	ZVJEZDARNICA
DVORAC	ŠKOLA
KINO	STADION
TVORNICA	SUPERMARKET
FARMA	ŠATOR
BOLNICA	KAZALIŠTE
HOSTEL	TORANJ
HOTEL	SVEUČILIŠTE

44 - Gardening

```
V O M N Đ K P L P Đ P F R N V P
R G W C Y O D N S V O D A E A R
S T L O L N B O T A N I Č K I L
T E K U B T J T A G D V K C J J
A G A V L E A K O M P O S T V A
M G U Z L J U V U W A Y M T I V
I A A U H N J P O V I T S E J Š
L U I L N E U U H Ć P Y Z J E T
K Z M C V R I W L V N R M I G I
H U Đ E F E K N E M E J S V Z N
F O G R I F J G T S I L A C O A
P O P T C C R I J E V O C K T W
S E Z O N S K I H Ć J O M R I U
C K J T T P I F D Š W V A L Č C
T R Y V M F D E T I M K C J N C
Z S E E L J E Z C L D U E M O Z
```

CVIJET
BOTANIČKI
BUKET
KLIMA
KOMPOST
KONTEJNER
PRLJAVŠTINA
JESTIVO
EGZOTIČNO
CVJETNI

LIŠĆE
CRIJEVO
LIST
VLAGA
VOĆNJAK
SEZONSKI
SJEMENKE
TLO
VRSTA
VODA

45 - Herbalism

```
D E K P S J S H P R L M B K O D
K B R O E V U Đ H U C E O U Z R
Đ E N F M R U A S Ž U T S L M A
H R Đ M I O Š B L M I V I I S G
B I L J K A R I Đ A N I L N A U
F C S D S D T A N R A C J A S L
V A R K T N V Đ Č I R E A R T J
W H Z I A A R S O N F O K S O B
Č Y Z O M V O R I G A N O K J V
E E J B O A V P F Y Š A H I A A
C V Š W R L B T H S V R O Z K C
P C E N A C V I J E T U T O J K
S M G E J W S Y G I R Ž I G D C
K M N L K A U W W B V A V C N R
W M F E Y R K U D Y R M Đ Đ D D
J R W Z N K O R I S N O M R W V
```

AROMATSKI	SASTOJAK
BOSILJAK	LAVANDA
KORISNO	MAŽURAN
KULINARSKI	METVICE
KOMORAČ	ORIGANO
OKUS	PERŠIN
CVIJET	BILJKA
VRT	RUŽMARIN
ČEŠNJAK	ŠAFRAN
ZELEN	DRAGULJ

46 - Vehicles

```
G  S  W  C  N  F  Y  P  U  D  W  L  C  W  A  W
M  U  C  C  D  V  R  R  Đ  V  R  S  N  O  U  R
V  N  M  O  A  C  I  N  R  O  M  D  O  P  F  R
S  T  R  E  T  P  O  K  I  L  E  H  I  N  F  D
Đ  H  T  R  A  J  E  K  T  P  P  U  M  Đ  K  K
Đ  F  I  G  U  T  T  D  S  O  S  J  A  T  I  Đ
K  J  S  T  Đ  J  V  Y  L  K  U  P  K  J  F  B
Đ  R  K  A  N  U  Č  G  W  A  B  F  L  D  N  I
Y  O  A  T  C  A  M  A  Č  R  O  P  E  A  M  C
C  E  T  E  G  D  P  A  S  Z  T  T  B  R  V  I
R  O  T  K  A  R  T  O  W  N  U  S  V  E  V  K
O  V  N  A  Z  J  N  H  M  S  A  G  P  T  A  L
T  O  Y  R  H  R  L  I  B  O  M  O  T  U  A  R
O  J  K  A  R  A  V  A  N  M  Ć  N  F  K  G  B
M  N  W  S  U  I  D  E  W  Z  D  I  J  S  U  B
R  E  E  A  L  N  Z  J  E  V  L  A  K  M  F  V
```

ZRAKOPLOV	SPLAV
HITNA POMOĆ	RAKETA
BICIKL	SKUTER
ČAMAC	ČUNAK
AUTOBUS	PODMORNICA
AUTOMOBIL	TAKSI
KARAVAN	GUME
TRAJEKT	TRAKTOR
HELIKOPTER	VLAK
MOTOR	KAMION

47 - Flowers

```
A N I L E T E J D D R O B P Đ S
K K Đ I P L U M E R I J A J Z U
L A Z L Z U L M K N P J O A A N
B C Č A R F J O A V L E G S F C
J I M A K M I S C G G S E M B O
O T V C L I L L I E N D J I U K
U A V I A S J Y R U Ž O B N K R
I L U Č V U A H B N W M L D E E
Y V K N Y K N M C L A O P I T T
J R S I C S T J L A Y R N S J N
D C A T Z I N J A V B B C J W A
S E U A W B S G B A K I V I F P
Đ T N R K I E S W N R U Ž A S I
E L U T Y H B C K D M W U Z K L
O R H I D E J A R A M U J V Đ U
B W G A R D E N I J A H C A Đ T
```

BUKET
DJETELINA
NARCIS
TRATINČICA
MASLAČAK
GARDENIJA
HIBISKUS
JASMIN
LAVANDA
LILA

LJILJAN
MAGNOLIJA
ORHIDEJA
BOŽUR
LATICA
PLUMERIJA
MAK
RUŽA
SUNCOKRET
TULIPAN

48 - Health and Wellness #1

```
L I J E Č E N J E I R W K C B N
E Đ T R B M A V J K O Ž A F A A
G E T S M D V I N I I J N L K V
U L D T O N I S A N Y R R I T I
O N A L E K T I T Č K D A J E K
Đ B E D I V K N Š E V C K E R A
V I R U S B A A U J Đ J E K I T
Y A P U S E T S P I P R J R J E
R L O M V W I K O L M V L V E R
Y E D C S A H L H O R M O N I A
Z D F H V M Đ I C V I Ž I H G P
B M F L K C N N T Z T S T D O I
F L M H E Y A I Đ C K V W V G J
T E M Z P K N K G U G G J O M A
M I Š I Ć I S A W C Đ Z A Đ I E
W N C B W I W U E V Z C N T G R
```

AKTIVAN	LIJEK
BAKTERIJE	MIŠIĆI
KOSTI	ŽIVCI
KLINIKA	LJEKARNA
LIJEČNIK	REFLEKS
LOM	OPUŠTANJE
NAVIKA	KOŽA
VISINA	TERAPIJA
HORMONI	LIJEČENJE
GLAD	VIRUS

49 - Town

```
K K N J I Ž N I C A F Y H R D K
S L A W K Z T U T A E U O S I N
T W I R E J A N O I D A T S E J
E R N N D D T G A T N I E R U I
K H Ž V I D C K M L G A L T R Ž
R Š E I A K U L A N Č A R Z J A
A K N I Š U A G C C Đ T L H Z R
M O N I K T U F V Z U Y J N O A
R L R Đ W L E M U Z E J E C P P
E A J I R E L A G D A V K V E B
P K A Z A L I Š T E S T A J K A
U S V E U Č I L I Š T E R E A N
S Z O O L O Š K I V R T N Ć R K
J K G H Đ M G A Z J B S A A A A
A V N O M K K E E I S M P R N V
J W H N W E E R U S O H R T V Y
```

ZRAČNA LUKA	TRŽIŠTE
PEKARA	MUZEJ
BANKA	LJEKARNA
KNJIŽARA	ŠKOLA
KINO	STADION
KLINIKA	POHRANITI
CVJEĆAR	SUPERMARKET
GALERIJA	KAZALIŠTE
HOTEL	SVEUČILIŠTE
KNJIŽNICA	ZOOLOŠKI VRT

50 - Antarctica

```
I  W  J  N  Č  Z  G  E  O  G  R  A  F  I  J  A
W  P  B  H  M  A  L  A  V  U  J  A  K  T  L  P
B  B  D  H  E  L  V  L  I  P  O  E  W  Đ  M  M
O  Š  V  G  N  J  W  I  E  I  C  Y  U  U  Z  H
E  I  L  J  A  E  I  C  Ž  D  L  O  B  A  L  U
B  L  Z  Đ  J  V  U  Z  D  A  E  W  O  K  K  N
K  O  N  T  I  N  E  N  T  Z  R  N  B  L  I  H
O  K  H  I  C  W  Z  P  Z  N  P  T  J  Z  E  Đ
T  O  Y  Y  A  B  W  T  G  A  T  P  S  A  G  D
O  U  M  F  R  R  K  E  A  N  I  P  I  I  C  M
U  H  E  F  G  U  S  K  S  S  C  M  K  R  V  I
L  M  H  G  I  C  O  T  O  T  E  H  A  D  O  C
O  Z  Đ  N  M  H  L  M  Đ  V  R  O  C  H  D  A
P  Z  A  J  I  C  A  V  R  E  Z  N  O  K  A  L
Z  S  I  L  L  K  Đ  O  N  N  N  F  E  G  U  B
S  T  J  E  N  O  V  I  T  A  L  Y  S  W  F  O
```

ZALJEV	LED
PTICE	OTOCI
OBLACI	MIGRACIJA
KONZERVACIJA	POLUOTOK
KONTINENT	ISTRAŽIVAČ
UVALA	STJENOVITA
OKOLIŠ	ZNANSTVEN
GEOGRAFIJA	VODA
LEDENJACI	

51 - Ballet

```
M Y L N B U R S K U G N R V Đ Đ
I S Y A E M I I E F G L A Z B A
Š L B J G J S Đ T O D C T N P N
I M I A F E A K A A M A S T R I
Ć Đ S Ž J T N A L N M J E E A R
I R B A Đ N I S F A V I K T K E
Z V W R P I T E F Z D F R I S L
J I Đ Z D Č Š J E O G A O Z A A
N E J I C K E L D I Đ R T N F B
A S Y Z W I J P F C T G Z E G W
V C T A G Č V H B A Y O N T L H
B C P I D A B L N R Z E M N D J
D T H D L S Y L J G J R H I Y A
A K I N H E T K A B Y O V C J E
G E S T A L K I E P R K I K S M
R I F Y U P K P U B L I K A W C
```

PLJESAK

UMJETNIČKI

PUBLIKA

BALERINA

KOREOGRAFIJA

SKLADATELJ

PLESAČI

IZRAŽAJAN

GESTA

GRACIOZAN

INTENZITET

LEKCIJE

MIŠIĆI

GLAZBA

ORKESTAR

PRAKSA

RITAM

VJEŠTINA

STIL

TEHNIKA

52 - Human Body

```
K V H K Z V P I Đ G T D Y J C L
O P B S E I H R O U K J D C T I
Ž A Y Z Đ D R M H M H N O G A C
A W A D W L A S Z L N A V R K E
H I J A F J L V H W K Ž A T A S
M V I Z J N G D E L G E S C L V
O R W Č U S T A K U R L A J R A
C B O N E J L O K Z V G V H V Y
P U W Đ M L G P C L S M G V G R
P Đ P P G P J Đ R I T S O K S A
A R A B U H O U F B R A D A R M
S J S D P B O R S J D I R A C E
U F R T E L C B M T Z T U V E H
O D P H B R O L P Z P N A A I Z
E K A W V B E M O Z A K T L F Y
I H K C F O J Đ J N N O S G A A
```

GLEŽANJ   GLAVA
KRV   SRCE
KOSTI   ČELJUST
MOZAK   KOLJENO
BRADA   NOGA
UHO   USTA
LAKAT   VRAT
LICE   NOS
PRST   RAME
RUKA   KOŽA

53 - Musical Instruments

```
D Đ D Z J M S W U Đ H U E V Z K
P R A R A T I G J N V G R M H C
Z B B S A K S O F O N K D S P J
C J M Z K O V B U B A N J M T W
M Y I V C I R S K M K T O G A F
O C R R G J T N L O I V U H Đ Z
U D A R A L J K E R N I H A N O
K O M J B P W K J T O O D H L N
L B V A K L A V I R M L G T M F
A O I B N N S R I Y R O F O S N
R A O U A D R R W H A N P Ž N M
I B L R J J O S G S H Č F D T G
N B I T D J N L P C P E R N D M
E O N O H U J C I V R L G E N H
T A A L L B F Đ N N P O Đ B J K
T A M B U R A Š K I A F R A H B
```

BENDŽO	MANDOLINA
FAGOT	MARIMBA
VIOLONČELO	OBOA
KLARINET	UDARALJKE
BUBANJ	KLAVIR
FLAUTA	SAKSOFON
GONG	TAMBURAŠKI
GITARA	TROMBON
HARMONIKA	TRUBA
HARFA	VIOLINA

54 - Fruit

```
F A N Đ M A V H D A B T Z V U S
B Y E T O A V A U G A K U B A J
P A P A J A R L F G N L V Đ Č D
A J C A V K S E R B A G Đ P N I
S N N I P N Y H L I N P Z E A N
G Š L G B C Y R R I A J D E R J
W E M B J O Y O K J C K Y S A A
Y R B Đ S G B Z C P Y A H M N E
P T G U L N G A N A N A S O M D
Y T U L Z A R E B Y R J W K A D
Đ O F Z F M O D A K O V A V L S
Z B K D M T Ž I K J D L I A I T
M K O K O S Đ L Y U Y K I V N O
Đ S E J L J E H U N J I Z M A T
Z D S A K K R U Š K A V G S U Z
D J F K Đ H S I P F T I O E J N
```

JABUKA	KIVI
MARELICA	LIMUN
AVOKADO	MANGO
BANANA	DINJA
BOBICA	NARANČA
TREŠNJA	PAPAJA
KOKOS	BRESKVA
SMOKVA	KRUŠKA
GROŽĐE	ANANAS
GUAVA	MALINA

55 - Engineering

```
Z  M  I  Z  G  R  A  D  N  J  A  P  D  Y  I  G
B  U  J  O  R  T  S  R  K  C  G  O  I  M  Đ  V
W  B  P  E  D  U  B  I  N  A  A  L  J  C  V  A
E  H  U  Č  R  K  V  L  D  J  N  U  A  R  R  J
I  T  A  T  A  E  A  L  T  I  S  G  G  B  O  I
M  S  R  K  O  N  N  R  O  G  N  E  R  D  R  C
F  O  U  A  O  O  I  J  F  R  Z  B  A  U  Y  U
G  N  T  N  A  G  Ć  C  E  E  T  E  M  V  R  B
C  L  K  O  D  O  U  A  I  N  U  Č  A  R  Z  I
Z  I  U  J  R  P  K  B  A  E  B  Y  S  E  E  R
G  B  R  S  G  Z  E  F  M  N  Z  U  U  J  E  T
J  A  T  C  T  G  T  J  E  C  D  B  Y  M  K  S
K  T  S  G  P  Z  N  E  N  Đ  I  D  E  O  S  I
R  S  N  Đ  E  M  Đ  B  F  Đ  Z  Z  P  R  D  D
M  V  V  G  C  K  B  F  R  S  E  J  B  P  D  O
Y  O  S  J  H  A  C  T  O  N  L  K  G  V  T  I
```

KUT	ZUPČANICI
OS	POLUGE
IZRAČUN	TEKUĆINA
IZGRADNJA	STROJ
DUBINA	MJERENJE
DIJAGRAM	MOTOR
PROMJER	POGON
DIZEL	STABILNOST
DISTRIBUCIJA	SNAGA
ENERGIJA	STRUKTURA

56 - Government

```
L H W U S I N R K I N E M O P S
D C B M H K E A G L U S W P I L
A R H M R S S S F D O R A N I O
Z D Ž C T N L P E E N O Z O P B
N C Y A Y A A R R M R V K K O O
E E K O V Đ G A R O I O Y A L D
Đ I Z M H A A V G K M G H Z I A
F A T A F R N A D R S K R P T S
Y J S J V G J K S A L O B M I S
P Đ O A N I E P H C J C G V K F
U R K Đ C T S Z K I W N T Đ A E
W Y A O V T S N A J L V A Ž R D
H P N V H R H L O A U S T A V L
I T D K D L V T K S S U D S K I
D Z E B M A U V B S T W H N M M
J K J Đ L Y I M T C L P D S K K
```

DRŽAVLJANSTVO
GRAĐANSKI
USTAV
DEMOKRACIJA
RASPRAVA
NESLAGANJE
JEDNAKOST
NEZAVISNOST
SUDSKI
PRAVDA

ZAKON
VOĐA
SLOBODA
SPOMENIK
NAROD
MIRNO
POLITIKA
GOVOR
DRŽAVA
SIMBOL

57 - Science Fiction

```
I  L  U  Z  I  J  A  J  I  S  K  A  L  A  G  W
O  M  W  L  R  L  A  R  R  M  G  P  W  G  R  Đ
S  V  I  J  E  T  E  T  Š  I  Č  O  R  O  R  P
K  N  J  I  G  E  R  E  E  T  W  N  E  T  V  K
S  Z  J  V  Đ  T  Y  T  S  N  T  E  E  A  A  R
D  I  S  T  O  P  I  J  A  P  A  J  K  J  T  A
T  E  H  N  O  L  O  G  I  J  A  L  S  A  R  J
K  E  M  I  K  A  L  I  J  E  B  Š  P  N  A  N
F  U  T  U  R  I  S  T  I  Č  K  I  L  S  G  O
D  I  D  K  Đ  Đ  T  L  I  K  S  M  O  T  A  S
I  T  W  Z  H  I  M  J  K  R  I  A  Z  V  M  T
N  T  B  D  B  C  Z  D  M  L  S  Z  I  E  T  N
U  T  O  P  I  J  A  K  I  N  O  N  J  N  C  M
W  O  O  B  P  G  N  H  W  V  H  Z  A  I  M  U
U  B  A  Đ  O  F  A  N  T  A  S  T  I  Č  A  N
Y  K  S  K  A  R  G  U  S  N  L  B  O  Y  F  E
```

ATOMSKI	GALAKSIJA
KNJIGE	ILUZIJA
KEMIKALIJE	ZAMIŠLJEN
KINO	TAJANSTVENI
DISTOPIJA	PROROČIŠTE
EKSPLOZIJA	PLANETA
KRAJNOST	ROBOTI
FANTASTIČAN	TEHNOLOGIJA
VATRA	UTOPIJA
FUTURISTIČKI	SVIJET

58 - Geometry

```
M  I  Y  G  E  K  S  T  D  F  B  P  V  B  D  T
A  B  Ž  D  A  N  D  E  J  D  U  P  I  L  G  R
T  M  A  P  O  I  A  Z  G  U  R  K  S  G  B  O
B  A  J  O  O  R  G  L  Đ  M  L  M  I  L  R  K
Y  S  I  T  L  V  Đ  O  M  I  E  R  N  O  O  U
V  A  C  Z  N  U  R  U  M  V  I  N  A  G  J  T
L  J  R  N  R  S  P  Š  Đ  G  L  A  T  I  S  R
P  I  O  K  E  A  N  D  I  J  K  U  W  K  K  L
L  R  P  K  J  J  Č  Đ  T  N  O  J  F  A  K  W
N  O  O  Y  M  L  O  U  P  I  A  H  P  S  B  D
Z  E  R  P  O  U  K  O  N  L  E  L  A  R  A  P
O  T  P  J  R  V  D  I  M  E  N  Z  I  J  A  Đ
S  W  Z  F  P  I  M  E  D  I  J  A  N  K  U  T
I  A  H  O  L  R  S  I  M  E  T  R  I  J  A  B
E  M  V  I  J  K  V  O  D  O  R  A  V  A  N  Đ
E  T  T  R  T  D  T  C  T  U  N  O  M  V  B  H
```

KUT	MASA
IZRAČUN	MEDIJAN
KRUG	BROJ
KRIVULJA	PARALELNO
PROMJER	PROPORCIJA
DIMENZIJA	SEGMENT
JEDNADŽBA	POVRŠINA
VISINA	SIMETRIJA
VODORAVAN	TEORIJA
LOGIKA	TROKUT

59 - Creativity

```
M W Đ C P E J I C O M E A I I C
O D G N E A V N Z P U T U N H S
N G H Đ O N A T N O P S T V E C
Z H R O S I Đ U E V J O E E I B
T T D T J T C I E V A N N N N O
I D E J E Š B C C S L T T T U
D A V B Đ E E I Đ E N A I I E M
B R I J B J R J J A O T Č V N J
I L A F G V Y A I Z Ć I N N Z E
T K Y M K D F T F Z A V O I I T
M J Z J A L M Š A K I L S G T N
I Z R A Z T L A F G C V T M E I
P R W K T L I M A J O D D N T Č
K M S U B O U Č O S J E Ć A J K
U O K I A J I C A R I P S N I I
F L U I D N O S T N Đ N V I T R
```

UMJETNIČKI	DOJAM
AUTENTIČNOST	INSPIRACIJA
JASNOĆA	INTENZITET
DRAMATIČAN	INTUICIJA
EMOCIJE	INVENTIVNI
IZRAZ	OSJEĆAJ
FLUIDNOST	VJEŠTINA
IDEJE	SPONTANO
SLIKA	VIZIJE
MAŠTA	VITALNOST

60 - Airplanes

```
A T M O S F E R A L B E U F D Z
T U R B U L E N C I J A A G Z S
C R T S E J I V O P E Đ W D E I
A G M F J Z I A M V U I P Y Z L
K C M I N N E B O V Z C Đ Z R A
P J A M A H H P Đ Y W H Đ M A Z
V A R H T P J K I N T U P O V A
P R O P E L E R I L J E C T A K
L D G Y J H L V U U O W G O N S
I Đ W M I S T F E P B T Đ R T M
V N R V L C Đ H Đ O M A U S U J
R P J K S C H Z H V K B L O R E
P O S A D A N I S I V D I O A R
V A V R Z Z O K T R E O Z Y N I
Y R N Z J I I Đ Z O V O D I K O
R A D N Z A D I Z G R A D N J A
```

AVANTURA	GORIVO
ZRAK	VISINA
ATMOSFERA	POVIJEST
BALON	VODIK
IZGRADNJA	SLIJETANJE
POSADA	PUTNIK
SILAZAK	PILOT
DIZAJN	PROPELERI
SMJER	NEBO
MOTOR	TURBULENCIJA

61 - Ocean

```
K V F F T E G S S D U S Z W P J
K M O Đ U Đ C A Č A J N R O K E
M K J V N O I P J E G U L J A G
H K L U A B D I F W S J Đ W K S
W J C Z Đ J C K R Z R E S C L O
D Š F I O E O S A L G E J F C L
F U K F Y R F R C R Z T A A H A
Y U P A J U L O I L C N V F S U
S V K I M D T M N J D T Ž A H K
W D E M N P K U T M E D U Z A P
I U J N U I I V O L A V P M J L
K A M E N I C A B I R K S Z L I
G E M B K Y H W O L V I E V A M
B U K E G E U G H Z O T W C R E
M E R R E T K W C Y I H M K O L
T L T G N Đ E Z I S H S F B K O
```

KORALJA
RAK
DUPIN
JEGULJA
RIBA
MEDUZA
HOBOTNICA
KAMENICA
GREBEN
SOL

ALGE
MORSKI PAS
ŠKAMPI
SPUŽVA
OLUJA
PLIME
TUNA
KORNJAČA
VALOVI
KIT

62 - Force and Gravity

```
S  P  F  S  H  A  U  D  A  L  J  E  N  O  S  T
V  O  Đ  I  T  U  A  O  N  D  A  M  A  Đ  Z  T
O  K  C  I  Z  F  W  P  I  Y  Y  E  Č  O  Đ  E
J  R  L  P  H  I  N  L  Z  D  P  J  I  G  S  Ž
S  E  Z  I  Đ  T  K  D  R  E  N  I  M  P  R  I
T  T  B  B  M  Đ  M  A  B  C  A  R  A  D  U  N
V  M  A  G  N  E  T  I  Z  A  M  V  N  L  N  A
A  O  T  G  Ć  T  G  W  K  G  V  I  I  Y  F
W  A  I  H  M  I  J  E  P  R  E  B  D  I  U  K
P  T  B  Đ  M  R  E  J  N  E  R  I  Š  O  R  P
E  R  R  C  J  K  D  A  O  A  H  L  Y  Y  A  K
Z  E  O  D  F  T  E  F  W  F  L  U  S  M  T  G
N  N  T  W  J  O  C  A  T  J  B  P  O  F  N  G
B  J  M  E  H  A  N  I  K  A  U  Z  E  W  E  J
T  E  P  R  I  T  I  S  A  K  R  H  M  P  C  G
U  N  I  V  E  R  Z  A  L  A  N  Z  H  K  J  C
```

OS	POKRET
CENTAR	ORBITA
OTKRIĆE	FIZIKA
UDALJENOST	PLANETE
DINAMIČAN	PRITISAK
PROŠIRENJE	SVOJSTVA
TRENJE	BRZINA
UDARAC	VRIJEME
MAGNETIZAM	UNIVERZALAN
MEHANIKA	TEŽINA

63 - Birds

```
K U B T N T C I M S N N E Z P A
A C Z E O E R O D A K S U G D J
N Č A P L J A N I T E L I P I Y
A L C P C A B A R V C I Đ G K O
R A I H E J G Đ Z N M S C Z N S
I B V Z P L Z U V M F W O R A O
N U A C E V I K R V U S N H C N
A D K W N W S K J P A U N U U Đ
C E U P O E Y I A J B S I B O Y
C Đ K D J Y G I N N A I V Đ T V
R Z W Đ I J D U P R W W G C F Y
F L A M I N G O V V Y Z N K D U
C V W P B C L U Z S R M I Đ Z K
P A T K A G L A G I P A P K A Y
C E V B W W H S D Y N O N K N R
L L Y E L G K A G I G K I A G P
```

KANARINAC
PILETINA
VRANA
KUKAVICA
PATKA
ORAO
JAJE
FLAMINGO
GUSKA
GALEB

ČAPLJA
NOJ
PAPIGA
PAUN
PELIKAN
PINGVIN
VRABAC
RODA
LABUD
TOUCAN

64 - Nutrition

```
N D O S C U T Z D R A V V K K S
G O R A K M E J N E R V O A V G
P O V F T A K J L I A P K L A P
U H D N K K U O E A L S U O L A
P R H P M U Ć Đ T S R J S R I H
C Z A R Z N I S K O T W M I T S
E K I V A N N I M A T I V J E U
P M P G N N E C Y C G I V E T S
R D O A O O L A P E T I T O A I
O I R N Z B T J P R O T E I N I
B J V W O K J E I T E Ž I N A S
A E G D I M I D Ž V G C M W O Đ
V T G Y R K E Z N E J G K I S R
A A Z D R A V L J E N D Y V U P
K Z C T Y V H B E J D R F M Đ E
L U I T J E H Y F L B C Đ J F J
```

APETIT
URAVNOTEŽEN
GORAK
KALORIJE
DIJETA
PROBAVA
JESTIVO
VRENJE
OKUS
NAVIKE

ZDRAVLJE
ZDRAV
TEKUĆINE
HRANLJIV
PROTEINI
KVALITETA
UMAK
TOKSIN
VITAMIN
TEŽINA

65 - Hiking

```
P Y C J M Z H T U I A J U P Z F
O A S O Y V H C T Y G T F D B M
U C R O P A S N O S T I E I J U
O F A K Č I Z M E Y P Z Y Š L W
N K K F O A Y Y G D L O U M K U
Y A I U J V Z K V B A T R A K A
J M M I M S I L E A N O M E Y D
L E Đ G A E J N A R I P M A K O
S N G F D W C D E K N U D H I V
I J L V I D Đ N B O A K L I M A
D E U M O R N I U H A E C Č Đ P
Ž I V O T I N J E S F P J I L R
W O L I T I C A M N K E U D V I
M E A J I C A T N E J I R O G U
P R I R O D A H T B G U P V I F
P R I P R E M A T K O M A R C I
```

ŽIVOTINJE
ČIZME
KAMPIRANJE
LITICA
KLIMA
VODIČI
OPASNOSTI
TEŠKA
KARTA
KOMARCI

PLANINA
PRIRODA
ORIJENTACIJA
PARKOVI
PRIPREMA
KAMENJE
SUNCE
UMORNI
VODA
DIVLJI

66 - Professions #1

```
G L P L E S A Č I C A J U J C K
Z E I P I J A N I S T Z J B I A
N O O J V S D D Z K Y O K A G R
I E U L E Z Đ E W I V L N O T
D M B Y Č A J O R K H C K V O
R L Đ U M G N E D W N S N A M G
C N I Z M W K I N D E R U R A R
A Z M C O E A A K T R E N E R A
S M Z N A N S T V E N I K D A F
A O B O D V J E T N I K Đ G N M
G N I A G L A Z B E N I K U R O
O O T T S L O V A C G A O F O R
R R O H R A N I R E T E V W M S
T T D Đ H P D T W Y L W K E S V
A S T C Z F G O L O H I S P L K
V A L K E Y N I R A T A L Z B Z
```

AMBASADOR	GEOLOG
ASTRONOM	LOVAC
ODVJETNIK	ZLATAR
BANKAR	GLAZBENIK
KARTOGRAF	PIJANIST
TRENER	PSIHOLOG
PLESAČICA	MORNAR
LIJEČNIK	ZNANSTVENIK
UREDNIK	KROJAČ
VATROGASAC	VETERINAR

67 - Barbecues

```
L D R K D U M U Z I F M H M C T
R F R M G D T G S P O T I D H K
P I L E T I N A V N M P I G M U
Z Z O C S V T B U K O M G P F A
I T S I V W W B H U Ž E O D T
S D I L E E R G I W Z E E T W D
L S J I A Ć Č S A L A T E V K E
M W J V Z U Y E C I Č J A R I U
Đ K R V J R L G R H L L U M A K
E O O J O V D L T A C E J D U Đ
G T L P Đ Ć Đ A G T E T L B D J
B E U O Đ L E D U Đ T I I E Z T
I J L E T A J I R P T B T E I F
G L A Z B A N A R H E O Š R R I
P O V R Ć E G P N I Đ U O L L C
M F R B U Y K A M L F F R U Y S
```

PILETINA
DJECA
VEČERA
OBITELJ
HRANA
VILICE
PRIJATELJI
VOĆE
IGRE
ROŠTILJ

VRUĆE
GLAD
NOŽEVI
GLAZBA
SALATE
SOL
UMAK
LJETO
RAJČICE
POVRĆE

68 - Chocolate

```
P N U A K Đ A I E T E U E B K G
B O N U O K T A L S R L N O V G
I L R D M B H C K O R C F M A O
T J F Y I K I R I K I K S B L E
S K E T L J D O K O U A K O I E
E J G W J U L Đ S K K J A N T F
J G P Đ E E Z G T P U O L P E E
T I Z T N K A K A O S T O T T O
U B K O I A W L N Y N S R F A F
W E Z W T M R Đ A N O A I W C T
U J E V P I S O Z M W S J W P W
K T L R E W Č P M L Y F E W B O
U A N G C V Y N J A Š E Ć E R K
S R U U E O J V O L N K G L K U
J V T A R K A R A M E L A V A S
G O R A K G I E L M M M V S P C
```

AROMA	OMILJENI
ZANATSKI	OKUS
GORAK	SASTOJAK
KAKAO	KIKIRIKI
KALORIJE	KVALITETA
BOMBON	RECEPT
KARAMELA	ŠEĆER
KOKOS	SLATKO
UKUSNO	UKUS
EGZOTIČNO	JESTI

69 - Vegetables

```
G A C I Č J A R R J D A Đ V S K
R R V C Y O R Y O O W N D L Đ R
L A A L Y L T A T A L A S B V A
K U J Š D R I V K A J N Š E Č S
A K K T A P Č I V E O Đ N G S T
R N W K R K O J I P O U L U K A
F C H O O M K L C P Y M M E Z V
I R P O B Z A G A B Đ B K C T A
O E C J E C J P T A N I P Š T C
L P E E A Z D A B L D R E L E C
A A F I E U Z V K U S N U J M Đ
S F I W F M B R I K N I Š R E P
T Y Đ P J F U H M O N D F C Z F
I A Z V Đ L C K Y R I W E K P M
B S R T N C L I G B R O E V B P
M R K V A J N N A Ž D I L T A P
```

ARTIČOKA
BROKULA
MRKVA
KARFIOL
CELER
KRASTAVAC
PATLIDŽAN
ČEŠNJAK
ĐUMBIR
GLJIVA

LUK
PERŠIN
GRAŠAK
BUNDEVA
ROTKVICA
SALATA
LUK KOZJAK
ŠPINAT
RAJČICA
REPA

70 - The Media

```
V M S O K K H G I N I M J I I D
C S J L B N H Z K O Z E T N N M
I D P A I R B I Č V D T S D T Č
L A E Y L K A P A I A Y T U E I
E J J M O L E Z V N N A A S L N
J I U T K L A G O E J T V T E J
N C B F A T D H G V E N O R K E
A A N T L T M W R C A I V I T N
R K L Đ N O V I T U J N I J U I
I I Đ I I R A D I O A L J A A C
C N Y N N T M T F R V A W E L E
N U C N A I G W K F N T A T A D
A M W Đ M C J M R Đ O I A A C G
N O M R E Ž A I J M S G C D S D
I K Č A S O P I S I T I K P Y V
F M I Š L J E N J E G D R N C M
```

STAVOVI

TRGOVAČKI

KOMUNIKACIJA

DIGITALNI

IZDANJE

OBRAZOVANJE

ČINJENICE

FINANCIRANJE

SLIKE

INDUSTRIJA

INTELEKTUALAC

LOKALNI

ČASOPISI

MREŽA

NOVINE

NA LINIJI

MIŠLJENJE

JAVNOST

RADIO

71 - Boats

```
N F E J K A J A K M E I K D Z J
W V M E R A M I L P O L C B P B
O A A D V K N G D F W T D A R P
U B I R P E Ž U A C D E O Y I E
K P I I Z J Đ U A M R T P R S H
V C E L S I K S R O M O P K T Z
N L A I I R P H L R J A S Y A W
H H M C D L L Đ M N L A V D N C
J Z Đ A R D U O E A B D L L I D
S D S S O D T K B R E V Đ G Š P
P C Z Y W N A K B R J J G C T S
L O C E A N Č R C U A C T I E K
A D A S O P A W P F R J O V R E
V T R A J E K T K J E Z E R O Đ
C J A H T A C R T L S Y F U M W
J J Y V I Y H M Đ R Đ N P A C D
```

SIDRO
PLUTAČA
KANU
POSADA
PRISTANIŠTE
MOTOR
TRAJEKT
KAJAK
JEZERO
JARBOL

POMORSKI
OCEAN
SPLAV
RIJEKA
UŽE
JEDRILICA
MORNAR
MORE
PLIMA
JAHTA

72 - Driving

```
P W V G M C O L D R S K P D Y Z
O R T E O K P O E C I N Č O K N
L Đ P W T F A G H D G K V K R N
I M J M O P S D S L U I B F B D
C V O U R U N A Ć E R S E N H T
I J O T B I O K V P N C K R P U
J Đ T Z O O S L U N O O L E L N
A E P G A C T V V D S M I U I E
T U W Đ N Č I F E M T Z B M N L
R I Đ U I P T K Đ A T C O A A M
A P Đ E Z B K A L C P S M V Ž K
K K S I R G G U V N P O O C A A
O J I B B P R O M E T K T E R Š
V G O R I V O Y P C U P U S A E
I G R E L H H U C I N Z A T G J
W B R S S R Y O I L L Đ B A H P
```

NESREĆA	MOTOR
KOČNICE	MOTOCIKL
AUTOMOBIL	PJEŠAK
OPASNOST	POLICIJA
VOZAČ	CESTA
GORIVO	SIGURNOST
GARAŽA	BRZINA
PLIN	PROMET
LICENCA	KAMION
KARTA	TUNEL

73 - Biology

```
T H B L E I A K Đ Đ C S R Y S O
E O Y U W B H G Z L B M L B I S
V R S O O U U M F Y R A O Y M M
O M I E Đ N J J T U D Đ E K B O
L O B J E L A N Č E V I N A I Z
U N S M J M J H O G M A Z O O A
C Đ I U I J I N A R L V A W Z C
I Z N T R K L H N I U I B L A R
J L A A E O E Y A E W E R S Z E
A I P C T L Ć E T K N U N Đ P Z
Ž N S I K A J N O N D O R I R P
W I A J A G K Z M O S O M O R K
H E V A B E V I I S I S A V A C
R T W A V N D M J E M B R I J A
V R S M C A L N A N M B B P R Y
I F O T O S I N T E Z A W T B Y
```

ANATOMIJA	MUTACIJA
BAKTERIJE	PRIRODNO
ĆELIJA	ŽIVAC
KROMOSOM	NEURON
KOLAGENA	OSMOZA
EMBRIJA	FOTOSINTEZA
ENZIM	BJELANČEVINA
EVOLUCIJA	GMAZ
HORMON	SIMBIOZA
SISAVAC	SINAPSA

74 - Professions #2

```
T  I  J  B  I  R  A  K  I  L  S  M  B  Z  U  I
G  Z  N  Y  S  A  D  E  T  E  K  T  I  V  V  L
I  R  H  Ž  F  Č  Z  U  B  A  R  Y  F  N  K  U
Đ  N  T  R  E  I  A  S  T  R  O  N  A  U  T  S
T  C  E  I  P  N  K  W  N  C  K  G  H  N  R  T
F  D  A  G  E  Ž  J  Z  R  A  N  I  V  O  N  R
F  O  Z  O  L  I  F  E  G  V  C  S  S  T  F  A
U  K  T  L  K  J  F  M  R  O  G  T  P  H  P  T
Č  B  O  O  V  N  O  J  A  L  O  R  F  O  D  O
I  N  L  O  G  K  D  N  L  S  L  A  U  F  A  R
T  T  I  Z  I  R  E  L  T  O  Ž  G  R  S  M
E  D  P  Z  M  S  A  P  R  K  I  I  H  S  I  P
L  H  J  J  K  D  T  F  V  I  B  V  H  B  J  K
J  L  U  F  P  P  S  T  P  Z  I  A  O  A  L  L
I  Z  U  M  I  T  E  L  J  E  J  Č  K  A  K  V
D  N  Đ  Đ  K  I  N  Č  E  J  I  L  D  R  C  C
```

ASTRONAUT	JEZIKOSLOVAC
BIOLOG	SLIKAR
ZUBAR	FILOZOF
DETEKTIV	FOTOGRAF
INŽENJER	LIJEČNIK
VRTLAR	PILOT
ILUSTRATOR	ISTRAŽIVAČ
IZUMITELJ	KIRURG
NOVINAR	UČITELJ
KNJIŽNIČAR	ZOOLOG

75 - Mythology

```
N L U N B G S E F S P B U Č G V
I J N K B J A N C T S O V U L O
Đ U A I F D F E H V W Ž J D W N
A B I N E B O R E O B A E O B M
H O N T J R R L J R G N R V E P
A M M R N H T A K E H S E I S G
D O O M A W S U U N F T N Š M R
V R V Š T A S L J B V J T R K
U A M L A E T T E P A A E T E
U D F V N D A V U A J J Z I N D
E A M C O E K A R Y M N O W O K
K M F T P M I R A F D U M U S I
A R H E T I P A T A Đ M G C T N
L E G E N D A N L A B I R I N T
K M A N I V A J L M R G T R A A
O J J U N A K E O S V E T A K R
```

ARHETIP
PONAŠANJE
UVJERENJA
STVARANJE
STVORENJE
KULTURA
BOŽANSTVA
KATASTROFA
NEBO
JUNAK

BESMRTNOST
LJUBOMORA
LABIRINT
LEGENDA
MUNJA
ČUDOVIŠTE
SMRTNIK
OSVETA
GRMLJAVINA
RATNIK

76 - Agronomy

```
N A P S M V Đ H V O D A S M B P
G O Đ U L M D R Š P W B U F S O
E B H E Đ N O A J I D U T S F L
Z N A N O S T N T A L L W S G J
L B U I K S N A G R O O S S K O
R V M V S J H S P E S C K A E P
E Ć R V O P Z C R Z E F Y O T R
K T H B E O M C A J I Z O R E I
O O Z K S H I N S S V E V J J V
L B O L E S T I T J A N I D N R
O C M N D J A T W E T E J C E E
G N U V B R L L Z M S R O H Đ D
I K T M N Y G I D E U G N T A A
J C G B L M D I B N S I G G G B
A C C B B C D C I K N J G Z A K
U R D Y N U K Đ O E D A O F Z T
```

POLJOPRIVREDA
BOLESTI
EKOLOGIJA
ENERGIJA
OKOLIŠ
EROZIJA
GNOJIVO
HRANA
RAST
ORGANSKI

BILJE
ZAGAĐENJE
SEOSKO
ZNANOST
SJEMENKE
STUDIJA
SUSTAVI
POVRĆE
VODA

77 - Hair Types

```
S  F  K  P  S  Đ  U  W  Đ  F  V  S  S  P  G  H
S  M  Y  O  R  B  E  R  S  O  A  N  R  C  K  R
H  O  D  G  V  N  U  V  N  S  L  F  P  M  R  C
N  Z  T  U  K  R  B  C  F  Đ  O  H  U  S  A  Z
R  N  J  D  J  H  Č  R  E  J  V  K  D  F  T  A
S  J  A  J  A  N  F  A  F  T  I  G  E  G  A  I
F  E  Š  Z  O  B  P  J  V  K  T  D  B  U  K  U
Ć  E  U  D  O  M  F  P  K  A  A  M  E  K  A  N
E  V  V  R  S  U  W  Z  F  N  C  D  F  G  C  B
L  A  A  A  M  Y  R  K  O  E  L  N  S  O  V  D
A  T  L  V  E  C  I  N  E  T  E  L  P  I  A  Z
V  U  P  W  Đ  Č  D  O  I  E  R  F  A  L  V  S
A  R  Z  D  P  Y  R  G  G  L  H  Z  G  E  B  A
G  B  P  F  O  F  T  V  J  P  N  P  T  J  Z  N
T  A  N  A  K  Y  Z  N  O  E  B  E  D  I  P  L
V  V  B  F  Y  Y  M  L  V  K  O  G  B  B  H  M
```

ĆELAV	ZDRAV
CRNA	DUGO
PLAVUŠA	SJAJAN
PLETENA	KRATAK
PLETENICE	SREBRO
SMEĐ	MEKAN
KOVRČE	DEBEO
KOVRČAVA	TANAK
SUHO	VALOVITA
SIVA	BIJELI

78 - Garden

```
K L U P A V A R T V E D F P B Z
A C W F S K D R R O O S Đ Z Đ M
J V R I O E W J V R Y Ć U G L H
N I R U O N D C U O F E N P R T
B J M E J I R T I K V J K J H M
I E S B G L V N S U I Đ S U A O
R T Z S D O O L Đ B S V F L W K
W E Đ A A P N Đ F H E E D U C M
S Y W S D M M O F A Ć F E G E B
L O P A T A L I I L A H Đ R C I
Đ U D R L R R Y P K K U I E C W
M L Y E N T W G L G A R A Ž A A
L N R T C R E D O C R I J E V O
U L O D U M Y N Z G R A B L J E
R N S Z O M Y K A J N V A R T D
Z E A D G U B G G W R S Đ E Đ N
```

KLUPA	VOĆNJAK
GRM	RIBNJAK
OGRADA	TRIJEM
CVIJET	GRABLJE
GARAŽA	LOPATA
VRT	TERASA
TRAVA	TRAMPOLIN
VISEĆA	DRVO
CRIJEVO	LOZA
TRAVNJAK	KOROV

79 - Diplomacy

```
L R R I K S T A M O L P I D B Y
D J A G R A Đ A N S K I N S O B
R E S K B O W F R H P S T U K N
A Š P I R G V N M R H C E R U Đ
M E R Y K K E O G D J O G A S S
B N A Z F S S J G I G D R D A I
A J V H Z D F Y G U C L I N V G
S E A O A I V L A D A U T J J U
A P S A C R Đ J W V I K E A E R
D B N K I N A R T S N A T F T N
O K F I N R A T I N A M U H N O
R J M T D B Đ S N F Đ D I T I S
Y U Y I E T I K A H A H V E K T
F F H L J N A Z W F R N V A U A
H B U O A K U T Đ M G R T H R F
P V I P Z K R B R K G R J H P P
```

SAVJETNIK
AMBASADOR
GRAĐANI
GRAĐANSKI
ZAJEDNICA
SUKOB
SURADNJA
DIPLOMATSKI
RASPRAVA
ETIKA

STRANI
VLADA
HUMANITARNI
INTEGRITET
PRAVDA
POLITIKA
ODLUKA
SIGURNOST
RJEŠENJE
UGOVOR

80 - Countries #1

```
K T R N S D C B V N Š I I I N K
L A G E N E S A O E P O Z T O L
F J N Z K A B L K P A G R A R I
L I N A E V H E O S N Đ A L V R
T B N K D G A U R I J A E I E A
E I G S A A N Z A Z O N L J Š K
R L R J K R P E M S L T U A K M
O F Z L H A E N B I S W A M A P
Y T T O Đ K H E Đ M K L K A U G
M V D P Z I E V F G A T Č N C R
U C V P U N L A T V I J A A R K
B R A Z I L P Đ A J F M M P M Y
K Z K R E I H P T H Z E Y W F
B V K V P F M K I N L M J D C J
A C Đ S Y V L Y G R O T N Y J W
U M D U M A N T E J I V E M C F
```

BRAZIL   MAROKO
KANADA   NIKARAGVA
EGIPAT   NORVEŠKA
FINSKA   PANAMA
NJEMAČKA   POLJSKA
IRAK   RUMUNJSKA
IZRAEL   SENEGAL
ITALIJA   ŠPANJOLSKA
LATVIJA   VENEZUELA
LIBIJA   VIJETNAM

81 - Immigration

```
D  D  S  Z  I  J  E  P  Z  A  Š  T  I  T  A  F
O  J  I  Z  M  J  J  R  Đ  J  Đ  Z  A  P  U  I
K  E  T  Č  A  S  N  I  K  I  K  W  O  R  D  N
U  C  U  T  O  E  E  R  H  C  C  D  J  E  T  A
M  A  A  Y  H  W  R  Z  K  A  P  V  U  G  Z  N
E  Đ  C  V  Đ  P  B  D  U  K  O  R  P  O  P  C
N  Y  I  G  V  G  O  Đ  Ć  I  C  Z  R  V  S  I
T  A  J  J  R  L  D  B  I  N  O  Đ  A  A  L  R
I  T  A  K  W  A  O  O  Š  U  U  W  V  R  Z  A
S  T  R  E  S  G  N  P  T  M  G  E  A  A  A  N
O  D  R  A  S  L  I  I  E  O  J  I  B  N  K  J
R  J  E  Š  E  N  J  E  C  K  P  E  L  J  O  E
S  C  C  A  C  C  A  F  O  E  S  O  Z  E  N  U
Đ  A  W  V  O  T  B  O  R  E  J  L  M  I  G  C
O  G  G  Z  R  U  G  L  I  Z  M  I  A  O  K  V
L  B  D  N  P  N  S  U  O  A  O  H  Z  E  Ć  H
```

UPRAVA	KUĆIŠTE
ODRASLI	JEZIK
POMOĆ	ZAKON
ODOBRENJE	PREGOVARANJE
GRANICE	ČASNIK
DJECA	PROCES
KOMUNIKACIJA	ZAŠTITA
ROK	SITUACIJA
DOKUMENTI	RJEŠENJE
FINANCIRANJE	STRES

82 - Adjectives #1

```
A L D C H W F Y G A E D J K N E
M Y I H M V E L I K O D U Š A N
B Y R J F R R F T K G V F Y T E
I T J I E N A R E D O M S N U V
C O L I W P C K K A N A T K L T
I T I R O P S U B M Č S C O O A
O J Z H C N A D E J I R V R S R
Z F R O C E M M Z Z T E G I P O
A O G N F J E B M M O T O S A M
N Đ N O T E Š K A P Z A D T A A
L I D E N T I Č A N G N I A G T
Đ M N G Đ Ž P C S T E C S N G S
O Z B I L J A N G W C R K E Y K
Đ S G P T H M V I P B Y R E A I
G H A T R A K T I V A N E W Z J
P B U M J E T N I Č K I N A M O
```

APSOLUTAN
AMBICIOZAN
AROMATSKI
UMJETNIČKI
ATRAKTIVAN
LIJEP
MRAK
EGZOTIČNO
VELIKODUŠAN
SRETAN

TEŠKA
KORISTAN
ISKREN
IDENTIČAN
VAŽNO
MODERAN
OZBILJAN
USPORITI
TANAK
VRIJEDAN

83 - Rainforest

```
Z A J E D N I C A N I V O H A M
J T T L U J B I C K U K T W H B
O P S T A N A K I N T A I P H M
I T H V F A I Č S Y J O K Y G J
O V Đ R B F C I U T O Č I Š T E
N V D H K F M N M H A O C Z D P
O B L A C I E A F A Đ Č V L Ž O
T D I D U G Z T Đ P P U A B U Š
H J K E T H O O Đ H T V S Đ N T
O D A L K N D B L G I A I V G O
T D G D I F O S N K C N S R L V
U I C C O M V A L O E J S S A A
A J M J M R A E U R V E O T E N
R A Z N O L I K O S T A I A I J
Z N A D E J I R V V Z N H E W E
M F J R O W A J P P Z E K E E C
```

VODOZEMCI
PTICE
BOTANIČKI
KLIMA
OBLACI
ZAJEDNICA
RAZNOLIKOST
AUTOHTONO
KUKCI
DŽUNGLA

SISAVCI
MAHOVINA
PRIRODA
OČUVANJE
UTOČIŠTE
POŠTOVANJE
OBNOVA
VRSTA
OPSTANAK
VRIJEDAN

84 - Global Warming

```
E  Đ  S  I  I  H  A  M  M  C  C  B  V  V  G  K
K  O  H  A  J  I  G  R  E  N  E  U  I  L  Đ  L
O  S  Y  Z  D  V  I  Đ  V  T  W  D  B  A  W  I
L  E  J  I  C  A  R  E  N  E  G  U  M  D  L  M
O  I  T  R  T  A  H  J  G  V  T  Ć  O  A  S  A
Š  T  K  K  I  T  K  R  A  Z  K  N  I  L  P  I
K  D  O  B  O  V  T  Š  I  N  V  O  N  A  T  S
I  R  A  Z  V  O  J  D  W  E  J  S  D  T  H  I
N  H  D  F  H  V  G  Đ  F  U  V  T  O  Š  U  C
P  A  Ž  N  J  A  I  N  D  U  S  T  R  I  J  A
U  I  U  U  N  W  H  K  D  T  K  I  A  N  T  D
Z  N  A  N  S  T  V  E  N  I  K  W  N  A  S  O
S  P  D  D  D  G  S  H  A  H  Đ  P  U  T  Đ  P
D  R  P  S  L  S  P  E  J  U  J  Y  Đ  S  D  P
T  E  M  P  E  R  A  T  U  R  E  I  E  T  Z  E
G  C  Đ  M  E  A  T  E  I  E  M  Z  M  Y  M  L
```

ARKTIK	GENERACIJE
PAŽNJA	VLADA
KLIMA	STANIŠTA
KRIZA	INDUSTRIJA
PODACI	MEĐUNARODNI
RAZVOJ	SADA
ENERGIJA	STANOVNIŠTVO
EKOLOŠKI	ZNANSTVENIK
BUDUĆNOST	TEMPERATURE
PLIN	

85 - Landscapes

```
P D E B P J B M D R P T K B S A
K H L B U I E L S R I J E K A N
Y P F E S Đ K Z E L H V K O R M
U T J O T Z F G E D H A D T A L
K E R K I U A A I R E P P O V E
O A Z A N I L O D H O N S G Č D
T R N T J P S U K G O A A E O E
O D R B A T G V K Z U E Ž J M N
U N N L H K C Đ S S L C A Z V J
L U E W D F A C K J R O L I O A
O T M H N A J B Y T Y W P R D K
P G Y O V U L K A N B Đ A S O P
S A H J R M I S E Đ Y W B Đ P M
I P U N G E P L A N I N A V A P
C F N N J H Š I O W Z P B V D L
M D K L I T S S A G J N G U N N
```

PLAŽA	OAZA
ŠPILJA	OCEAN
PUSTINJA	POLUOTOK
GEJZIR	RIJEKA
LEDENJAK	MORE
BRDO	MOČVARA
LEDENA	TUNDRA
OTOK	DOLINA
JEZERO	VULKAN
PLANINA	VODOPAD

86 - Plants

```
Y  G  W  S  D  T  H  J  O  K  H  K  J  O  R  Đ
T  E  M  E  L  J  J  I  J  C  J  O  V  R  D  U
B  E  O  B  G  N  O  J  I  V  O  R  O  O  G  M
S  O  J  J  A  R  O  L  F  S  S  I  N  Z  E  N
L  Y  T  I  U  M  V  P  D  P  H  J  Y  W  Đ  T
L  I  R  A  V  A  B  S  C  U  P  E  Ć  Š  I  L
F  L  V  N  N  C  R  U  K  F  M  N  F  A  F  S
H  P  V  I  Y  I  H  T  S  B  R  Š  L  J  A  N
K  W  A  V  H  B  K  K  G  R  A  H  W  I  V  F
Y  K  N  O  T  O  W  A  L  S  M  P  E  C  A  Z
I  G  E  H  W  B  B  K  A  V  T  V  Đ  A  R  G
T  J  T  A  C  Y  G  A  T  Š  U  M  A  T  T  T
C  I  B  M  M  W  T  P  I  G  P  R  M  E  I  R
A  M  V  B  D  U  F  K  C  S  C  G  C  G  C  W
S  G  E  Y  M  T  S  O  A  N  E  M  N  E  H  D
R  B  Đ  U  U  K  E  G  U  S  B  V  N  V  W  Y
```

BAMBUS	ŠUMA
GRAH	VRT
BOBICA	TRAVA
BOTANIKA	BRŠLJAN
GRM	MAHOVINA
KAKTUS	LATICA
GNOJIVO	KORIJEN
FLORA	TEMELJ
CVIJET	DRVO
LIŠĆE	VEGETACIJA

87 - Countries #2

```
U B S E M R O S V P I J U K S N
K F B T Z A A J I R E B I L U E
R U P U R L V R V R F H V M D T
A L A P E N A P A J I O V G A I
J A K J A M A J I G I J E Đ N O
I L I T I A H Đ Y D V I A W W P
N W S H V S N V R K G I A C W I
A U T I K I U Z J A K Đ S I J
W G A K Č R G R M E K S I K O A
L A N L A V V T H I N J R N E J
O N C O G Y I H T Y Y Z E V P I
C D R V N D A N S K A B G D I N
N A J I L A M O S D H A I N L A
V Y O W H A B D O E Đ L N Đ C B
H K W T V V W I A C R D M Z Đ L
O E T N L D N D L K U I B V I A
```

ALBANIJA	MEKSIKO
DANSKA	NEPAL
ETIOPIJA	NIGERIJA
GRČKA	PAKISTAN
HAITI	RUSIJA
JAMAJKA	SOMALIJA
JAPAN	SUDAN
LAOS	SIRIJA
LIBANON	UGANDA
LIBERIJA	UKRAJINA

88 - Ecology

```
O R K R G B M O Z L J V L G C R
P A N U A F D H J L C L R E L K
S Z R E S U R S I J J L E S S Y
T N E G B P N Đ E T Š I N A T S
A O U I E C I N D E J A Z Y V A
N L P L J Y N D E S N M O E E P
A I R R L U S Z C W P C Y Y G L
K K V W I H P O M O R S K I E A
W O U K B R C A N D B Đ F J T N
K S Y Đ M A O N D O R I R P A I
L T H V I Ž R D O K Z N T S C N
I S A Đ N N Đ A A F L O R A I E
M U F J H K U I V H D V S Đ J J
A Š R N I G W B T Č H Z Y L A L
U A N Z K G U K G L O B A L N O
V O L O N T E R I L C M Y M Z C
```

KLIMA	PLANINE
ZAJEDNICE	PRIRODNO
RAZNOLIKOST	PRIRODA
SUŠA	BILJE
FAUNA	RESURSI
FLORA	VRSTA
GLOBALNO	OPSTANAK
STANIŠTE	ODRŽIV
POMORSKI	VEGETACIJA
MOČVARA	VOLONTERI

89 - Adjectives #2

```
Z  V  P  O  S  P  A  N  D  H  J  J  T  Z  D  P
Z  F  P  U  K  M  M  S  J  A  K  R  S  C  I  R
L  U  H  I  N  V  I  T  A  E  R  K  Đ  L  V  O
K  Đ  O  N  U  G  R  G  K  I  V  O  W  Z  L  D
A  U  T  E  N  T  I  Č  N  O  P  K  V  C  J  U
O  P  I  S  N  I  Z  Z  A  A  F  Z  T  I  I  K
Z  M  S  F  A  P  P  D  H  M  V  P  T  J  T  T
A  W  U  S  S  N  N  A  R  O  V  O  G  D  O  I
N  P  H  B  O  H  B  P  Y  A  K  W  I  W  V  V
I  P  O  B  N  A  L  S  R  F  V  P  R  I  B  N
M  Z  T  I  O  E  F  N  Đ  I  V  R  U  Ć  E  I
L  H  W  S  P  N  O  V  O  N  R  O  A  F  A  J
J  E  L  E  G  A  N  T  A  N  I  O  D  M  Đ  J
I  T  A  N  Z  O  P  K  G  U  W  R  D  B  Y  C
V  I  W  U  N  L  Z  H  I  F  D  M  W  N  F  K
Z  Z  Đ  Đ  E  G  L  A  D  A  N  P  K  B  O  Z
```

AUTENTIČNO	ZANIMLJIV
KREATIVNI	PRIRODNO
OPISNI	NOVO
SUHO	PRODUKTIVNI
ELEGANTAN	PONOSAN
POZNATI	ODGOVORAN
DAROVIT	SLAN
ZDRAV	POSPAN
VRUĆE	JAK
GLADAN	DIVLJI

90 - Psychology

```
T  E  J  E  D  I  P  O  N  A  Š  A  N  J  E  S
K  E  M  M  Z  M  U  O  S  J  E  Ć  A  J  L  F
L  O  R  O  V  T  S  J  N  I  T  E  J  D  W  H
P  R  S  A  C  B  J  L  P  Y  S  W  H  Đ  R  F
A  E  T  O  P  I  U  L  P  R  O  C  J  E  N  A
S  J  R  S  Đ  I  J  G  S  Đ  N  D  U  S  P  K
B  J  P  C  J  S  J  E  U  U  B  K  T  T  R  L
E  G  O  L  E  E  W  A  K  G  O  Đ  J  V  O  I
S  N  O  V  I  P  N  Đ  O  M  S  S  E  A  B  N
P  H  M  R  D  D  C  Z  B  N  O  E  C  R  L  I
U  T  O  U  G  Đ  U  I  L  S  I  M  A  N  E  Č
I  S  K  U  S  T  V  A  J  R  C  Đ  J  O  M  K
N  E  S  V  J  E  S  N  O  A  T  Y  I  S  B  I
G  S  P  O  Z  N  A  J  A  K  H  H  V  T  T  J
P  L  F  W  I  W  T  S  J  A  Đ  Z  I  W  B  D
H  U  Đ  K  H  J  M  Y  O  S  H  V  O  L  H  E
```

PROCJENA	IDEJE
PONAŠANJE	UTJECAJI
DJETINJSTVO	PERCEPCIJA
KLINIČKI	OSOBNOST
SPOZNAJA	PROBLEM
SUKOB	STVARNOST
SNOVI	OSJEĆAJ
EGO	TERAPIJA
EMOCIJE	MISLI
ISKUSTVA	NESVJESNO

91 - Math

```
E  B  P  E  G  J  E  D  N  A  D  Ž  B  A  P  F
K  R  O  W  E  T  Đ  D  F  Z  Z  Z  G  K  R  R
S  O  L  S  O  O  R  B  M  O  G  O  Đ  I  A  A
P  J  I  I  M  N  S  O  D  L  Z  P  T  T  V  K
O  E  G  M  E  P  L  H  K  N  A  S  O  E  O  C
N  V  O  E  T  A  B  E  A  U  C  E  H  M  K  I
E  I  N  T  R  R  U  Y  L  U  T  G  E  T  U  J
N  R  E  R  I  A  P  G  B  A  A  Đ  L  I  T  A
T  A  M  I  J  L  T  K  K  L  R  M  L  R  N  P
Đ  D  U  J  A  E  P  L  R  A  D  A  M  A  I  G
F  I  L  A  C  L  R  N  P  M  A  W  P  P  K  O
S  J  O  Đ  G  O  O  I  D  I  V  O  T  U  K  C
Đ  U  V  W  G  G  M  J  K  C  K  W  D  T  Y  F
B  S  B  F  Z  R  J  N  C  E  I  F  T  F  O  I
W  U  R  B  A  A  E  M  N  D  Y  W  Y  P  V  J
G  Z  R  B  E  M  R  A  T  E  M  I  R  E  P  F
```

KUTOVI	PARALELNO
ARITMETIKA	PARALELOGRAM
OPSEG	PERIMETAR
DECIMALA	POLIGON
PROMJER	RADIJUS
JEDNADŽBA	PRAVOKUTNIK
EKSPONENT	KVADRAT
FRAKCIJA	SIMETRIJA
GEOMETRIJA	TROKUT
BROJEVI	VOLUMEN

92 - Activities

```
P  Š  I  V  A  N  J  E  F  L  Đ  Đ  L  K  I  S
V  L  Z  O  K  E  R  A  M  I  K  A  D  O  V  H
R  G  E  V  Z  S  I  N  T  E  R  E  S  I  V  S
T  U  Č  T  S  O  N  T  E  J  M  U  Y  Đ  D  K
L  Đ  I  S  E  L  P  M  R  C  D  W  D  A  Z  T
A  M  T  J  P  N  P  O  G  K  C  C  Z  N  M  S
R  A  A  L  B  J  J  R  I  B  A  R  S  T  V  O
S  G  N  O  Z  V  E  E  U  O  B  U  M  R  T  N
T  I  J  V  L  E  K  Š  G  U  I  O  T  B  Y  V
V  J  E  O  D  E  J  N  A  T  Š  U  P  O  P  I
O  A  Z  D  O  Y  P  I  L  Č  P  P  T  W  U  T
Y  K  Y  A  N  N  F  C  U  M  E  B  E  B  M  K
V  W  T  Z  L  I  H  U  C  K  C  N  L  S  U  A
F  O  T  O  G  R  A  F  I  J  A  H  J  G  F  V
K  A  M  P  I  R  A  N  J  E  R  O  I  E  U  E
V  J  E  Š  T  I  N  A  Y  D  B  W  B  N  V  S
```

AKTIVNOST	LOV
UMJETNOST	INTERESI
KAMPIRANJE	PLETENJE
KERAMIKA	MAGIJA
OBRT	FOTOGRAFIJA
PLES	ZADOVOLJSTVO
RIBARSTVO	ČITANJE
IGRE	OPUŠTANJE
VRTLARSTVO	ŠIVANJE
PJEŠAČENJE	VJEŠTINA

93 - Business

```
K G W C L P D N S K Đ E Y T M B
C S Đ T P E M F T V O R N I C A
V I U V C Y K I N E L S O P A Z
M J T R P J A N A Ć U D E R U J
E L U T W Y Š A R E J I R A K K
B K C K Z E O N U Č A R O R P V
Đ E O A Đ I R C R Đ T G T A P Z
Z R H N K Z T I Z E R O P R S Z
V F R K O P E J N A G A L U M P
P P L H Z M R E Ž D A N E M A R
V O D Y I S I G Đ Z B B J P E I
A O P J K H A J B V A H O J R H
L U Y U N K C Z A K E E H R M O
U Y Z Z S G I V I A N O V A C D
T C C M F T P O S L O D A V A C
A R Y Y L P R O D A J A S C R U
```

PRORAČUN	FINANCIJE
KARIJERA	PRIHOD
TVRTKA	ULAGANJE
TROŠAK	MENADŽER
VALUTA	ROBA
POPUST	NOVAC
EKONOMIJA	URED
ZAPOSLENIK	PRODAJA
POSLODAVAC	DUĆAN
TVORNICA	POREZI

94 - The Company

```
J  E  D  I  N  I  C  E  C  K  L  K  G  G  N  P
P  I  P  D  O  D  Y  W  Y  I  O  A  J  L  C  R
R  S  N  L  H  A  A  I  M  P  M  N  V  O  F  O
E  J  N  A  V  A  J  L  Š  O  P  A  Z  B  J  I
Z  Y  I  P  V  R  W  T  U  J  Y  V  K  A  H  Z
E  J  L  N  O  A  W  A  G  A  I  I  V  L  M  V
N  W  J  L  D  S  L  S  L  S  J  T  A  N  O  O
T  Y  O  O  L  U  L  A  E  E  C  A  L  O  G  D
A  K  U  L  D  O  S  O  D  Z  A  V  I  U  U  J
C  A  L  V  O  A  U  T  V  L  V  O  T  L  Ć  V
I  D  B  E  H  A  H  D  R  A  B  N  E  A  N  Đ
J  E  A  Y  I  Y  R  W  U  I  N  I  T  G  O  P
A  R  I  S  R  U  S  E  R  G  J  J  A  A  S  L
R  P  V  E  P  R  I  Z  I  C  I  A  E  N  T  A
V  A  T  R  E  N  D  O  V  I  I  D  E  J  R  Ć
I  N  V  I  T  A  E  R  K  E  Y  F  B  E  B  E
```

POSLOVANJE
KREATIVNI
ODLUKA
ZAPOŠLJAVANJE
GLOBALNO
INDUSTRIJA
INOVATIVAN
ULAGANJE
MOGUĆNOST
PREZENTACIJA

PROIZVOD
NAPREDAK
KVALITETA
UGLED
RESURSI
PRIHOD
RIZICI
TRENDOVI
JEDINICE
PLAĆE

95 - Literature

```
P K P Z T F U I U C J V A L M B
G S W D K D G I U B Z W D J T I
P M S G C G D L D B B O L S Z O
Đ R O T U A J I D E G A R T A G
S A I P J E S M A V V J F S K R
A B Đ P D I I D I J A L O G L A
T D E A O Z P W G N Z P P U J F
O E I D F V O B I L I J V Y U I
D R M F A G J R T U L E K M Č J
G O O A J R M E B J A S W V A A
E P V D V I R T D C N N C F K J
N S Y J V M Z I I A A I W G M I
A U V G A A L I T S Č Č E Y O C
A N A L O G I J A A S K O K Z K
R O M A N W R D I Đ M I H M V I
J E C M E T A F O R A Y J S T F
```

ANALOGIJA
ANALIZA
ANEGDOTA
AUTOR
BIOGRAFIJA
USPOREDBA
ZAKLJUČAK
OPIS
DIJALOG
FIKCIJA

METAFORA
PRIPOVJEDAČ
ROMAN
PJESMA
PJESNIČKI
RIMA
RITAM
STIL
TEMA
TRAGEDIJA

96 - Geography

```
Đ  S  B  Y  K  B  Y  T  M  D  Z  T  O  Đ  Y  Đ
T  D  K  S  O  Z  H  J  U  N  A  A  J  K  Z  A
E  T  F  C  J  I  F  D  I  P  H  O  P  A  W  B
J  J  D  N  S  O  Z  Y  M  A  R  O  Z  A  R  E
I  J  E  S  S  Y  G  J  N  K  K  C  O  W  D  O
V  I  S  I  N  A  J  L  M  E  Z  E  H  U  O  N
S  E  D  J  Y  F  L  M  Đ  J  W  A  M  B  M  U
A  T  R  A  K  I  H  T  E  I  A  N  K  U  O  S
A  N  I  N  A  L  P  D  A  R  G  T  A  G  R  O
H  E  M  I  S  F  E  R  A  J  I  G  E  R  E  I
H  N  R  R  V  H  H  C  S  B  R  D  R  E  Y  E
J  I  D  I  P  O  D  R  U  Č  J  E  I  W  Z  Z
G  T  B  Š  I  Z  V  E  D  R  E  V  E  J  S  V
A  N  J  J  U  G  D  I  U  V  O  T  O  K  A  A
K  O  F  O  O  V  Đ  A  G  H  I  P  G  H  B  N
L  K  T  M  M  S  A  Z  A  K  N  F  V  D  C  H
```

VISINA	PLANINA
ATLAS	SJEVER
GRAD	OCEAN
KONTINENT	REGIJA
ZEMLJA	RIJEKA
HEMISFERA	MORE
OTOK	JUG
ŠIRINA	PODRUČJE
KARTA	ZAPAD
MERIDIJAN	SVIJET

97 - Jazz

```
P K D N B M N L C R Z U J T P P
L A S A M U V L L R I P R W M J
J J Z G S B B V Đ M W T W J H E
E I F L L L Y N V J Z W A Z S S
S C C A B A T H J L T S C M T M
A A W S U Y U P G E Z K K M I A
K Z Đ A D F Z E L T V S O W L H
M I D K R H S I A A A I R D C I
L V C M I N J J Z D T N E L A T
T O N I P I I B B A S S F U G I
O R K E S T A R A L A T N K E R
V P E K V A O L S K S A I A U O
O M G C J N T J H S P R F Đ E V
N I N Y N Z T E H N I K A U J A
N S S V C O H O G C U L O D M F
E L Y B N P K I N T E J M U T J
```

ALBUM	IMPROVIZACIJA
PLJESAK	GLAZBA
UMJETNIK	NOVO
SKLADATELJ	STAR
SASTAV	ORKESTAR
KONCERT	RITAM
BUBNJEVI	PJESMA
NAGLASAK	STIL
POZNATI	TALENT
FAVORITI	TEHNIKA

98 - Nature

```
L A E E Z C W P B S U L Z C P D
A J I Z O R E D U U W Z G U L I
U G E Ć Š I L M T S H A G I A N
T O J P W C D A W G T J S Z N A
A A N K O W A G Đ A G I K L I M
H R I I Z T E L H Y Đ K N K N I
J K T P D P A A N E C S A J E Č
G T O Č U D M L R I D P T T A A
P I V E M K U W F F U O I Đ K N
M K I L L E Š Z J H Y R B M E A
U I Ž E T Š I T E V S T I Đ J J
Z C R D I V L J I C V H W E I O
B A V N S N N J N W Đ F Z P R K
J L Đ O O N S B K Đ J A K G R O
Đ B J E L E D E N J A K P H W P
L O R B P E R B D I O H L T O S
```

ŽIVOTINJE	ŠUMA
ARKTIK	LEDENJAK
LJEPOTA	PLANINE
PČELE	MIRNO
OBLACI	RIJEKA
PUSTINJA	SVETIŠTE
DINAMIČAN	SPOKOJAN
EROZIJA	TROPSKI
MAGLA	BITAN
LIŠĆE	DIVLJI

99 - Vacation #2

```
M  A  P  Y  J  F  H  R  G  S  W  P  P  G  Š  A
N  G  T  E  J  N  A  R  I  P  M  A  K  K  A  D
H  M  A  D  C  U  P  E  J  G  I  A  A  A  T  J
Z  O  O  D  N  S  U  S  N  Z  H  K  L  R  O  O
O  R  T  R  K  C  T  T  O  I  F  U  V  T  R  O
V  T  O  E  J  H  O  O  U  L  N  L  H  A  Y  D
E  P  O  P  L  U  V  R  S  T  R  A  N  A  C  R
J  Đ  C  K  M  I  A  A  O  S  D  N  L  V  L  E
I  N  A  R  T  S  N  N  D  M  B  Č  H  P  B  D
R  P  Z  I  W  K  J  T  M  O  G  A  G  L  M  I
P  L  I  H  B  A  E  O  O  R  R  R  G  U  V  Š
K  A  V  Đ  H  T  I  T  R  E  Đ  Z  Đ  M  J  T
R  B  L  O  H  B  A  Z  S  T  B  Z  V  W  O  E
G  P  U  T  O  V  N  I  C  A  P  L  A  Ž  A  U
L  N  G  R  F  B  E  T  L  G  A  P  S  O  K  Z
V  N  A  U  M  Y  A  O  F  M  D  D  M  H  W  L
```

ZRAČNA LUKA	KARTA
PLAŽA	PLANINE
KAMPIRANJE	PUTOVNICA
ODREDIŠTE	RESTORAN
STRANI	MORE
STRANAC	TAKSI
ODMOR	ŠATOR
HOTEL	VLAK
OTOK	PRIJEVOZ
PUTOVANJE	VIZA

100 - Electricity

```
P O Z I T I V A N N E E C I Ž N
S T E L E F O N A E L L I Y N W
V W G C B R K Z J G E E M A O K
J E D J K L Đ K Đ A K K L N T A
E Y U G Đ A C R M T T A R M B
T E F O K J N A A I R R Đ K P E
I M B K U L R J G V I I T T W L
L V A J K U O I N A Č Č U G I K
J K T O D R T Z E N N A Ž E R M
K Z E P H A A I T G I R E S A L
A T R R W Ž R V Č O B J E K T I
B V I E M R E E A N I Č I L O K
W D J M U U N L R P I H D C D L
E J A A A Đ E E C R R C H G P S
O R K B O G G T H T C V A F M I
S K L A D I Š T E N J E R V R K
```

BATERIJA
ŽARULJA
KABEL
ELEKTRIČNI
ELEKTRIČAR
OPREMA
GENERATOR
SVJETILJKA
LASER
MAGNET

NEGATIVAN
MREŽA
OBJEKTI
POZITIVAN
KOLIČINA
UTIČNICA
SKLADIŠTENJE
TELEFON
TELEVIZIJA
ŽICE

1 - Antiques

2 - Food #1

3 - Measurements

4 - Farm #2

5 - Books

6 - Meditation

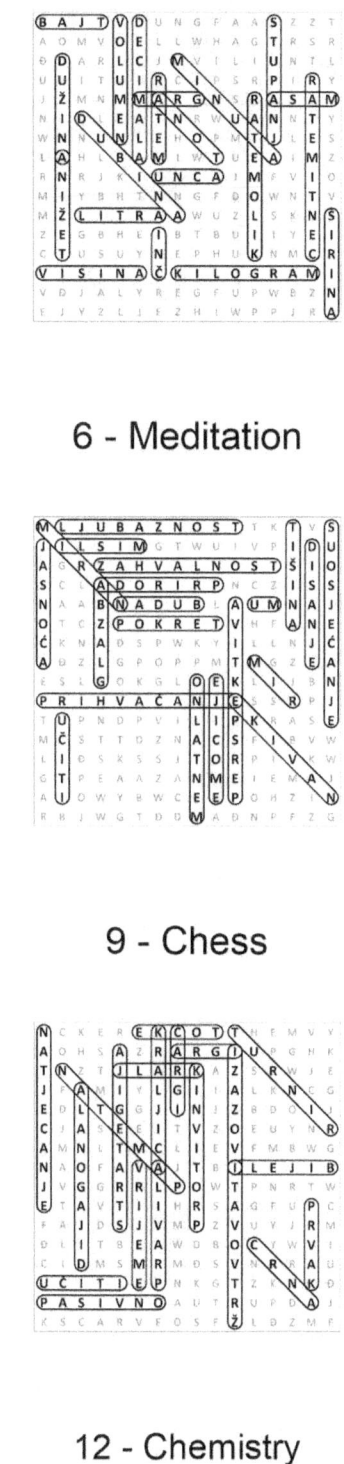

7 - Days and Months

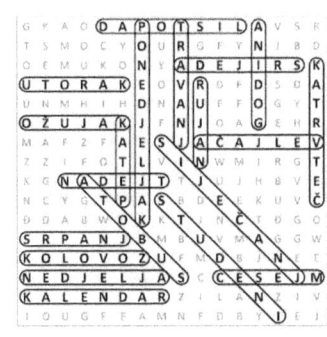

8 - Energy

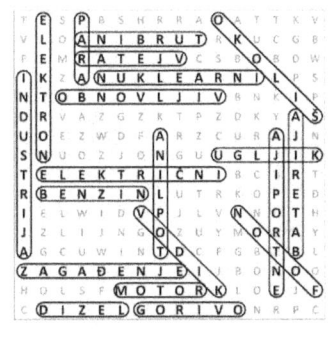

9 - Chess

10 - Archeology

11 - Food #2

12 - Chemistry

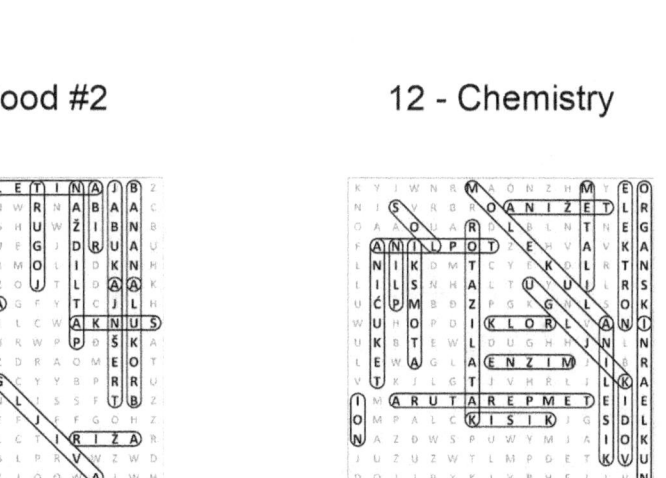

13 - Music

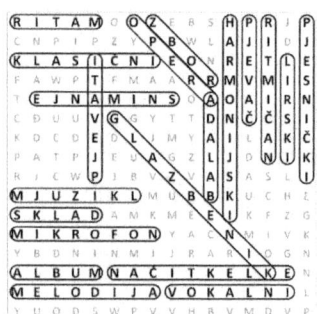

14 - Family

15 - Farm #1

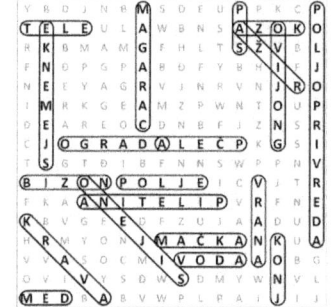

16 - Camping

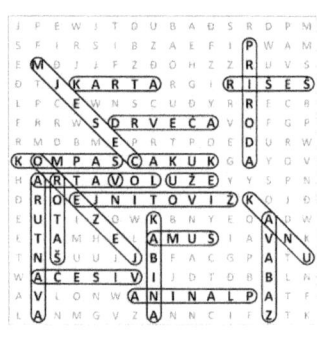

17 - Algebra

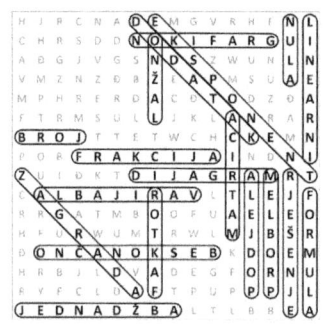

18 - Numbers

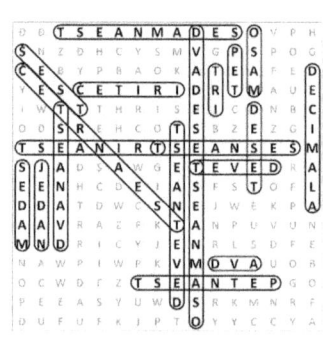

19 - Spices

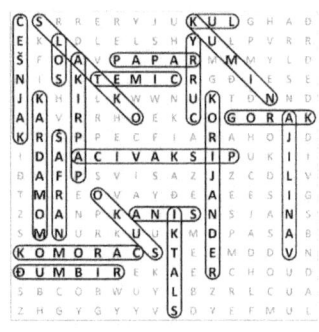

20 - Universe

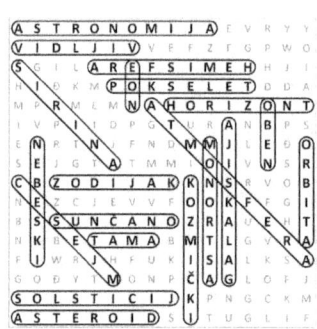

21 - Mammals

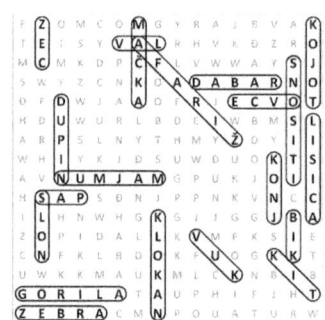

22 - Fishing

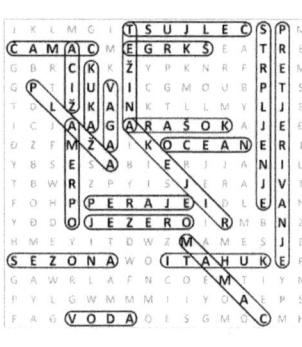

23 - Restaurant #1

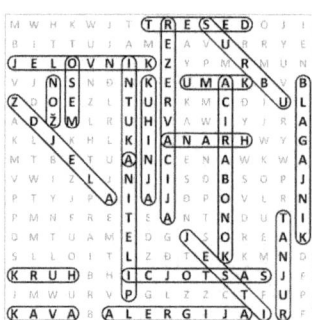

24 - Bees

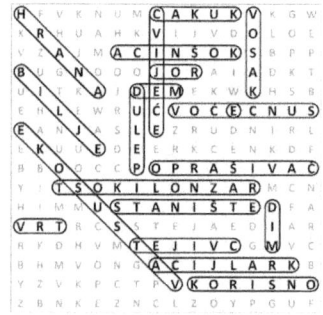

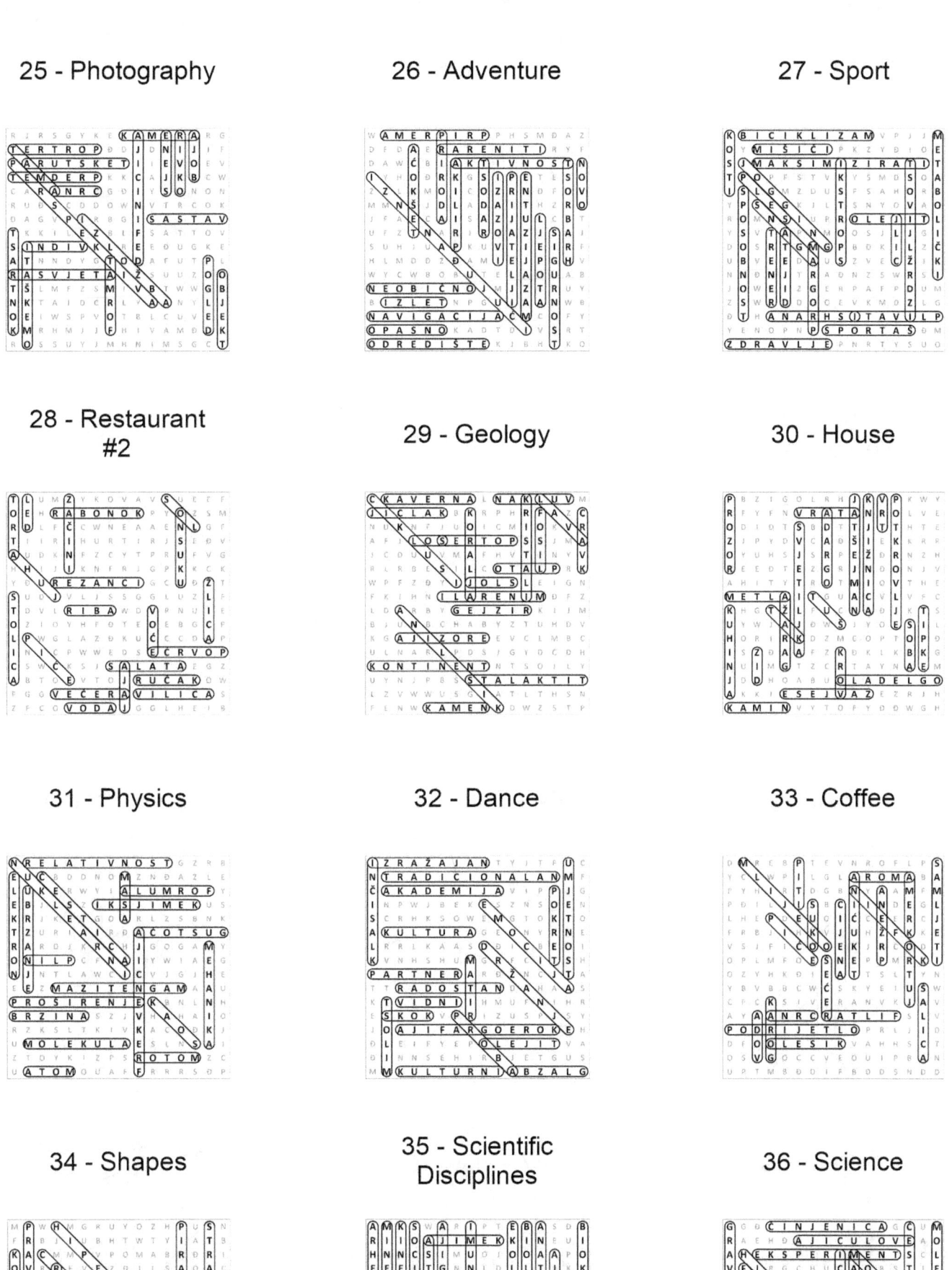

25 - Photography

26 - Adventure

27 - Sport

28 - Restaurant #2

29 - Geology

30 - House

31 - Physics

32 - Dance

33 - Coffee

34 - Shapes

35 - Scientific Disciplines

36 - Science

37 - Beauty

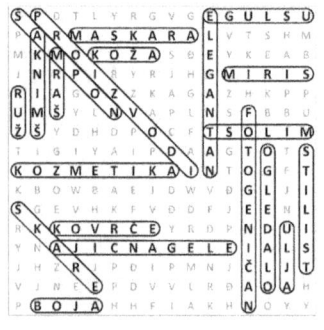

38 - Clothes

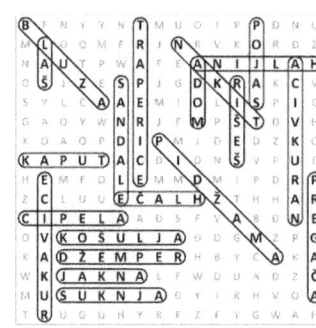

39 - Astronomy

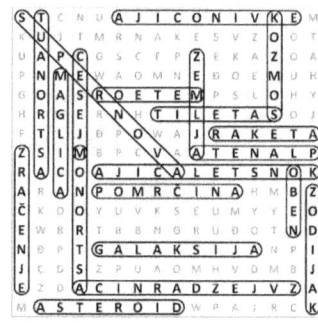

40 - Health and Wellness #2

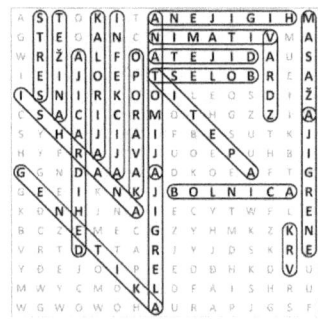

41 - Disease

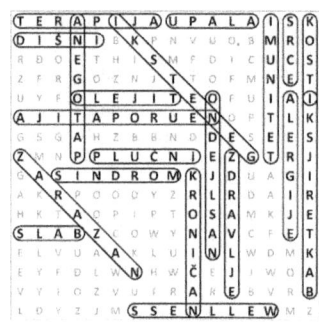

42 - Time

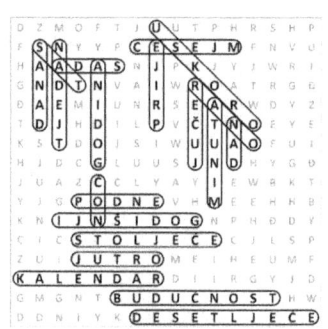

43 - Buildings

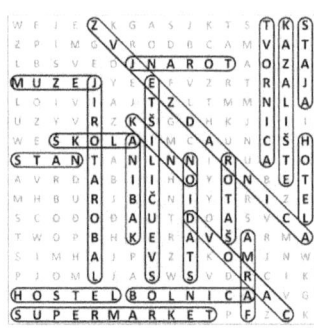

44 - Gardening

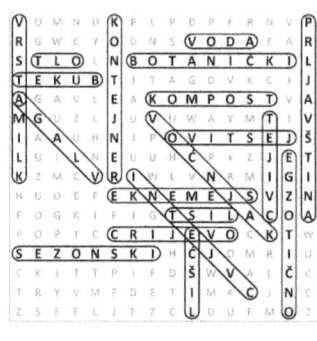

45 - Herbalism

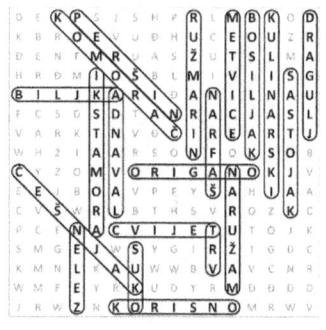

46 - Vehicles

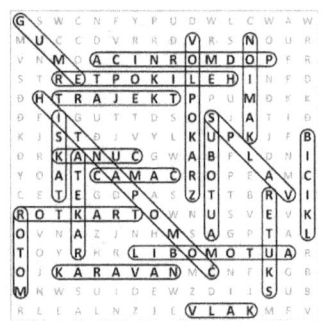

47 - Flowers

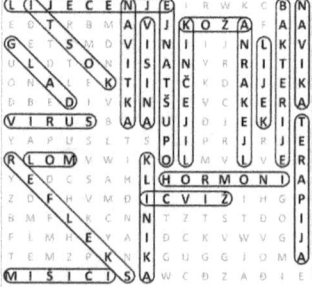

48 - Health and Wellness #1

49 - Town

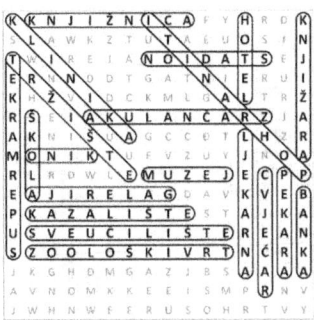

50 - Antarctica

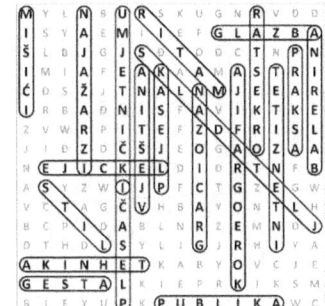

51 - Ballet

52 - Human Body

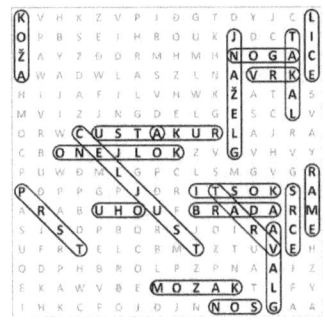

53 - Musical Instruments

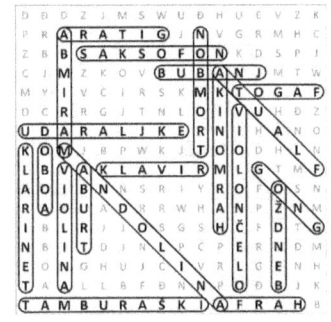

54 - Fruit

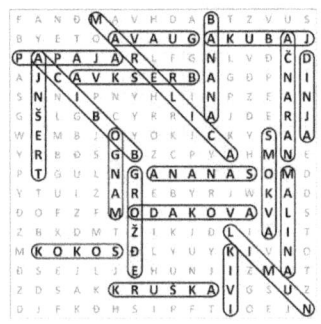

55 - Engineering

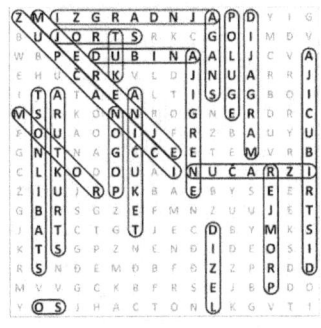

56 - Government

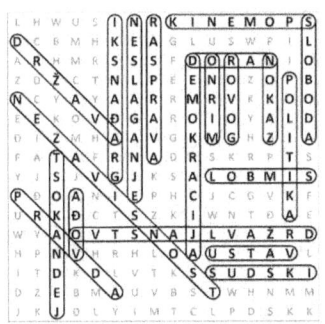

57 - Science Fiction

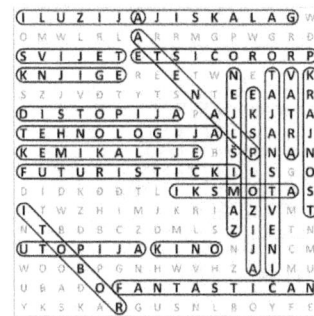

58 - Geometry

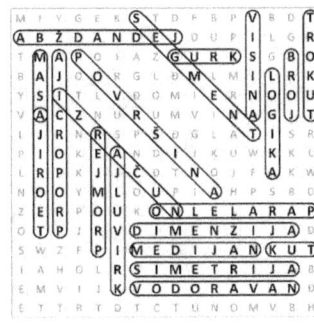

59 - Creativity

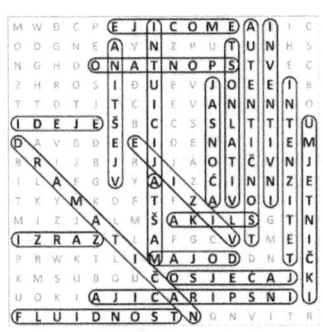

60 - Airplanes

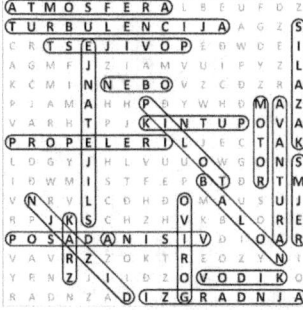

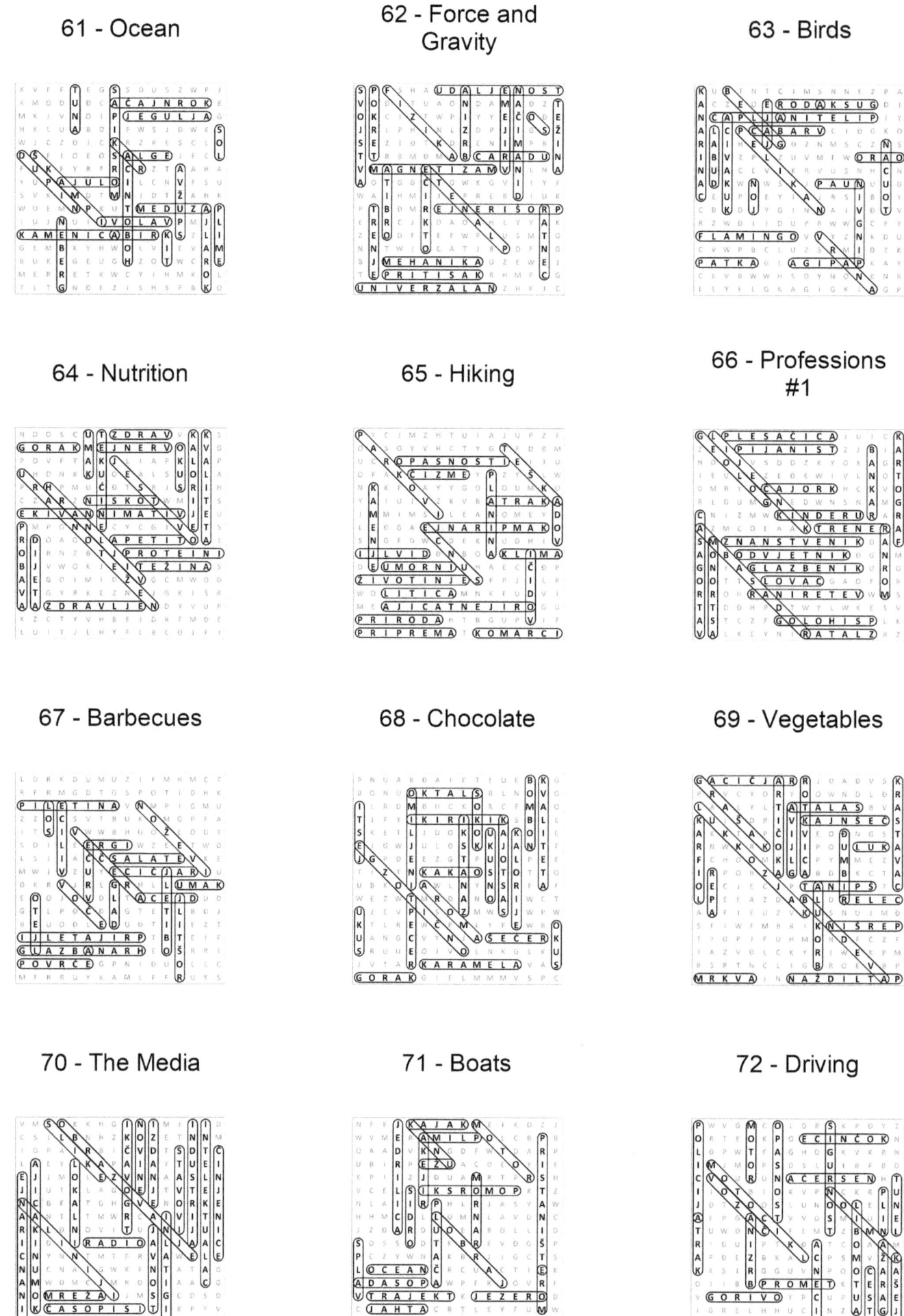

61 - Ocean

62 - Force and Gravity

63 - Birds

64 - Nutrition

65 - Hiking

66 - Professions #1

67 - Barbecues

68 - Chocolate

69 - Vegetables

70 - The Media

71 - Boats

72 - Driving

73 - Biology

74 - Professions #2

75 - Mythology

76 - Agronomy

77 - Hair Types

78 - Garden

79 - Diplomacy

80 - Countries #1

81 - Immigration

82 - Adjectives #1

83 - Rainforest

84 - Global Warming

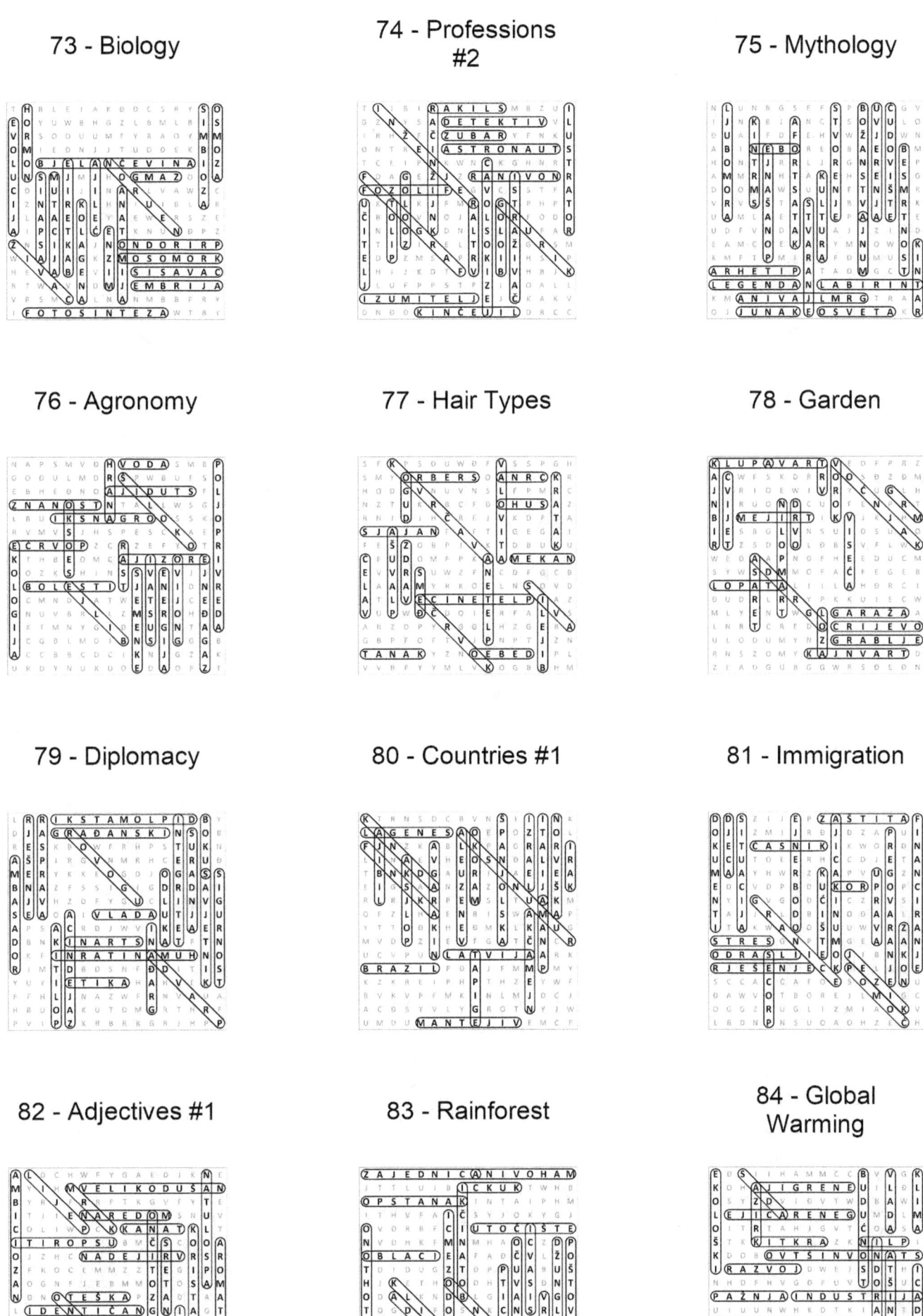

85 - Landscapes

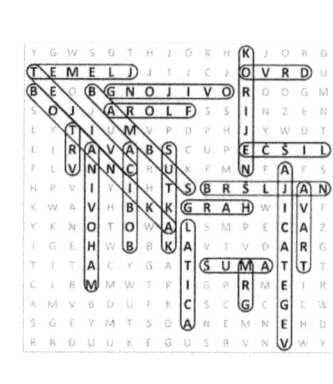

86 - Plants

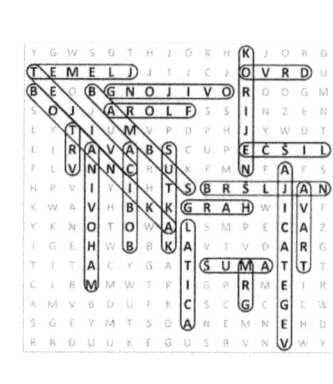

87 - Countries #2

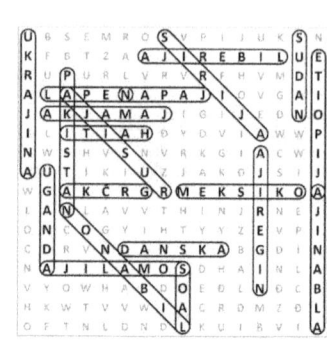

88 - Ecology

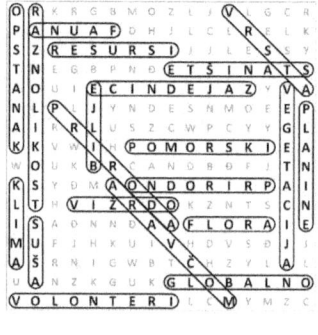

89 - Adjectives #2

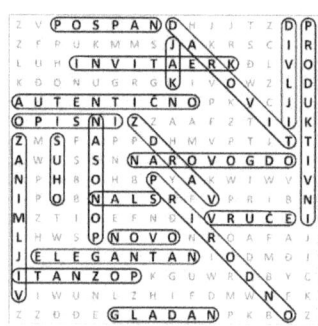

90 - Psychology

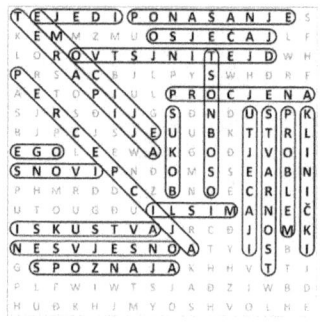

91 - Math

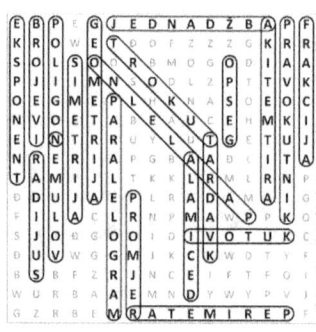

92 - Activities

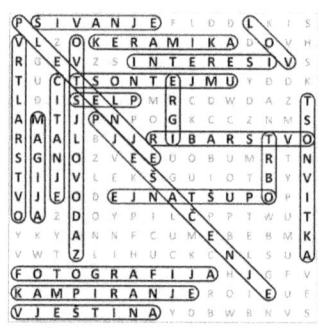

93 - Business

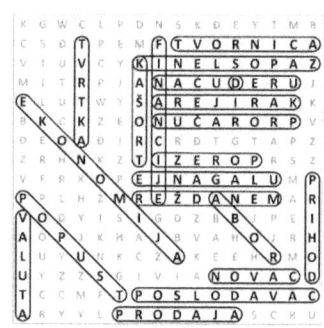

94 - The Company

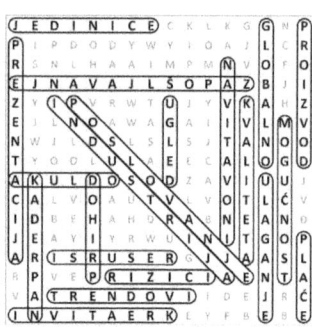

95 - Literature

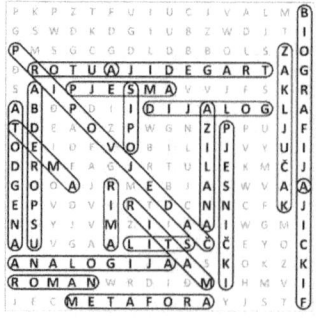

96 - Geography

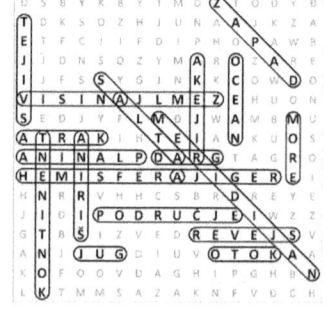

97 - Jazz

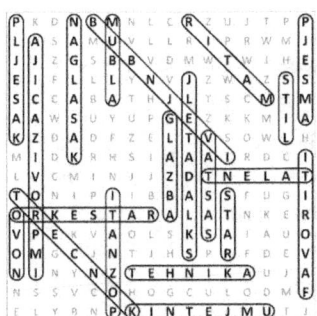

98 - Nature

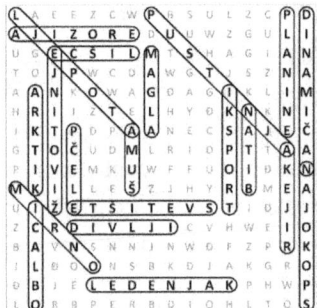

99 - Vacation #2

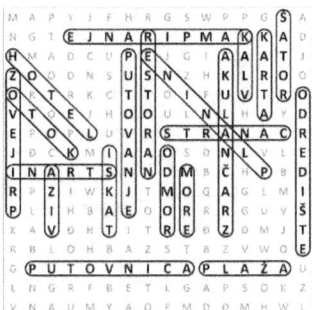

100 - Electricity

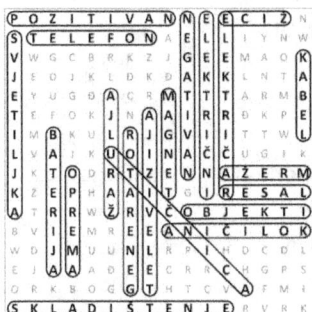

Dictionary

Activities
Aktivnosti

Activity	Aktivnost
Art	Umjetnost
Camping	Kampiranje
Ceramics	Keramika
Crafts	Obrt
Dancing	Ples
Fishing	Ribarstvo
Games	Igre
Gardening	Vrtlarstvo
Hiking	Pješačenje
Hunting	Lov
Interests	Interesi
Knitting	Pletenje
Magic	Magija
Photography	Fotografija
Pleasure	Zadovoljstvo
Reading	Čitanje
Relaxation	Opuštanje
Sewing	Šivanje
Skill	Vještina

Adjectives #1
Pridjevi № 1

Absolute	Apsolutan
Ambitious	Ambiciozan
Aromatic	Aromatski
Artistic	Umjetnički
Attractive	Atraktivan
Beautiful	Lijep
Dark	Mrak
Exotic	Egzotično
Generous	Velikodušan
Happy	Sretan
Heavy	Teška
Helpful	Koristan
Honest	Iskren
Identical	Identičan
Important	Važno
Modern	Moderan
Serious	Ozbiljan
Slow	Usporiti
Thin	Tanak
Valuable	Vrijedan

Adjectives #2
Pridjevi № 2

Authentic	Autentično
Creative	Kreativni
Descriptive	Opisni
Dry	Suho
Elegant	Elegantan
Famous	Poznati
Gifted	Darovit
Healthy	Zdrav
Hot	Vruće
Hungry	Gladan
Interesting	Zanimljiv
Natural	Prirodno
New	Novo
Productive	Produktivni
Proud	Ponosan
Responsible	Odgovoran
Salty	Slan
Sleepy	Pospan
Strong	Jak
Wild	Divlji

Adventure
Avantura

Activity	Aktivnost
Beauty	Ljepota
Bravery	Hrabrost
Challenges	Izazovi
Chance	Prilika
Dangerous	Opasno
Destination	Odredište
Difficulty	Teškoća
Enthusiasm	Entuzijazam
Excursion	Izlet
Friends	Prijatelji
Itinerary	Itinerar
Joy	Radost
Nature	Priroda
Navigation	Navigacija
New	Novo
Preparation	Priprema
Safety	Sigurnost
Surprising	Iznenađujući
Unusual	Neobično

Agronomy
Agronomija

Agriculture	Poljoprivreda
Diseases	Bolesti
Ecology	Ekologija
Energy	Energija
Environment	Okoliš
Erosion	Erozija
Fertilizer	Gnojivo
Food	Hrana
Growth	Rast
Organic	Organski
Plants	Bilje
Pollution	Zagađenje
Production	Proizvodnja
Rural	Seosko
Science	Znanost
Seeds	Sjemenke
Study	Studija
Systems	Sustavi
Vegetables	Povrće
Water	Voda

Airplanes
Zrakoplovi

Adventure	Avantura
Air	Zrak
Atmosphere	Atmosfera
Balloon	Balon
Construction	Izgradnja
Crew	Posada
Descent	Silazak
Design	Dizajn
Direction	Smjer
Engine	Motor
Fuel	Gorivo
Height	Visina
History	Povijest
Hydrogen	Vodik
Landing	Slijetanje
Passenger	Putnik
Pilot	Pilot
Propellers	Propeleri
Sky	Nebo
Turbulence	Turbulencija

Algebra
Algebra

Addition	Dodatak
Diagram	Dijagram
Division	Podjela
Equation	Jednadžba
Exponent	Eksponent
Factor	Faktor
False	Lažno
Formula	Formula
Fraction	Frakcija
Graph	Grafikon
Infinite	Beskonačno
Linear	Linearni
Matrix	Matrica
Number	Broj
Parenthesis	Zagrada
Problem	Problem
Solution	Rješenje
Subtraction	Oduzimanje
Variable	Varijabla
Zero	Nula

Antarctica
Antarktika

Bay	Zaljev
Birds	Ptice
Clouds	Oblaci
Conservation	Konzervacija
Continent	Kontinent
Cove	Uvala
Environment	Okoliš
Expedition	Ekspedicija
Geography	Geografija
Glaciers	Ledenjaci
Ice	Led
Islands	Otoci
Migration	Migracija
Peninsula	Poluotok
Researcher	Istraživač
Rocky	Stjenovita
Scientific	Znanstven
Temperature	Temperatura
Topography	Topografija
Water	Voda

Antiques
Antikviteti

Art	Umjetnost
Auction	Aukcija
Authentic	Autentično
Century	Stoljeće
Coins	Kovanice
Decades	Desetljeća
Decorative	Ukrasno
Elegant	Elegantan
Furniture	Namještaj
Gallery	Galerija
Investment	Ulaganje
Jewelry	Nakit
Old	Star
Price	Cijena
Quality	Kvaliteta
Restoration	Obnova
Sculpture	Skulptura
Style	Stil
Unusual	Neobično
Value	Vrijednost

Archeology
Arheologija

Analysis	Analiza
Bones	Kosti
Civilization	Civilizacija
Descendant	Potomak
Era	Doba
Evaluation	Evaluacija
Expert	Stručnjak
Forgotten	Zaboravio
Fossil	Fosil
Fragments	Fragmenti
Mystery	Misterija
Objects	Objekti
Professor	Profesor
Relic	Relikvija
Researcher	Istraživač
Ruins	Ruševine
Team	Tim
Temple	Hram
Tomb	Grob
Unknown	Nepoznat

Astronomy
Astronomija

Asteroid	Asteroid
Astronaut	Astronaut
Astronomer	Astronom
Constellation	Konstelacija
Cosmos	Kozmos
Earth	Zemlja
Eclipse	Pomrčina
Equinox	Ekvinocija
Galaxy	Galaksija
Meteor	Meteor
Moon	Mjesec
Nebula	Maglica
Observatory	Zvjezdarnica
Planet	Planeta
Radiation	Zračenje
Rocket	Raketa
Satellite	Satelit
Sky	Nebo
Supernova	Supernova
Zodiac	Zodijak

Ballet
Balet

Applause	Pljesak
Artistic	Umjetnički
Audience	Publika
Ballerina	Balerina
Choreography	Koreografija
Composer	Skladatelj
Dancers	Plesači
Expressive	Izražajan
Gesture	Gesta
Graceful	Graciozan
Intensity	Intenzitet
Lessons	Lekcije
Muscles	Mišići
Music	Glazba
Orchestra	Orkestar
Practice	Praksa
Rhythm	Ritam
Skill	Vještina
Style	Stil
Technique	Tehnika

Barbecues
Roštilji

Chicken	Piletina
Children	Djeca
Dinner	Večera
Family	Obitelj
Food	Hrana
Forks	Vilice
Friends	Prijatelji
Fruit	Voće
Games	Igre
Grill	Roštilj
Hot	Vruće
Hunger	Glad
Knives	Noževi
Music	Glazba
Salads	Salate
Salt	Sol
Sauce	Umak
Summer	Ljeto
Tomatoes	Rajčice
Vegetables	Povrće

Beauty
Ljepota

Charm	Šarm
Color	Boja
Cosmetics	Kozmetika
Curls	Kovrče
Elegance	Elegancija
Elegant	Elegantan
Fragrance	Miris
Grace	Milost
Lipstick	Ruž
Makeup	Šminka
Mascara	Maskara
Mirror	Ogledalo
Oils	Ulja
Photogenic	Fotogeničan
Products	Proizvodi
Scissors	Škare
Services	Usluge
Shampoo	Šampon
Skin	Koža
Stylist	Stilist

Bees
Pčele

Beneficial	Korisno
Blossom	Cvijet
Diversity	Raznolikost
Ecosystem	Ekosustav
Flowers	Cvijeće
Food	Hrana
Fruit	Voće
Garden	Vrt
Habitat	Stanište
Hive	Košnica
Honey	Med
Insect	Kukac
Plants	Bilje
Pollen	Pelud
Pollinator	Oprašivač
Queen	Kraljica
Smoke	Dim
Sun	Sunce
Swarm	Roj
Wax	Vosak

Biology
Biologija

Anatomy	Anatomija
Bacteria	Bakterije
Cell	Ćelija
Chromosome	Kromosom
Collagen	Kolagena
Embryo	Embrija
Enzyme	Enzim
Evolution	Evolucija
Hormone	Hormon
Mammal	Sisavac
Mutation	Mutacija
Natural	Prirodno
Nerve	Živac
Neuron	Neuron
Osmosis	Osmoza
Photosynthesis	Fotosinteza
Protein	Bjelančevina
Reptile	Gmaz
Symbiosis	Simbioza
Synapse	Sinapsa

Birds
Ptice

Canary	Kanarinac
Chicken	Piletina
Crow	Vrana
Cuckoo	Kukavica
Duck	Patka
Eagle	Orao
Egg	Jaje
Flamingo	Flamingo
Goose	Guska
Gull	Galeb
Heron	Čaplja
Ostrich	Noj
Parrot	Papiga
Peacock	Paun
Pelican	Pelikan
Penguin	Pingvin
Sparrow	Vrabac
Stork	Roda
Swan	Labud
Toucan	Toucan

Boats
Brodovi

Anchor	Sidro
Buoy	Plutača
Canoe	Kanu
Crew	Posada
Dock	Pristanište
Engine	Motor
Ferry	Trajekt
Kayak	Kajak
Lake	Jezero
Mast	Jarbol
Nautical	Pomorski
Ocean	Ocean
Raft	Splav
River	Rijeka
Rope	Uže
Sailboat	Jedrilica
Sailor	Mornar
Sea	More
Tide	Plima
Yacht	Jahta

Books
Knjige

Adventure	Avantura
Author	Autor
Collection	Zbirka
Context	Kontekst
Duality	Dualnost
Epic	Ep
Historical	Povijesni
Humorous	Duhovit
Inventive	Inventivni
Literary	Literarni
Narrator	Pripovjedač
Novel	Roman
Page	Stranica
Poem	Pjesma
Poetry	Poezija
Reader	Čitač
Relevant	Relevantan
Story	Priča
Tragic	Tragično
Written	Napisan

Buildings
Građevine

Apartment	Stan
Barn	Staja
Cabin	Kabina
Castle	Dvorac
Cinema	Kino
Factory	Tvornica
Farm	Farma
Hospital	Bolnica
Hostel	Hostel
Hotel	Hotel
Laboratory	Laboratorij
Museum	Muzej
Observatory	Zvjezdarnica
School	Škola
Stadium	Stadion
Supermarket	Supermarket
Tent	Šator
Theater	Kazalište
Tower	Toranj
University	Sveučilište

Business
Poslovanje

Budget	Proračun
Career	Karijera
Company	Tvrtka
Cost	Trošak
Currency	Valuta
Discount	Popust
Economics	Ekonomija
Employee	Zaposlenik
Employer	Poslodavac
Factory	Tvornica
Finance	Financije
Income	Prihod
Investment	Ulaganje
Manager	Menadžer
Merchandise	Roba
Money	Novac
Office	Ured
Sale	Prodaja
Shop	Dućan
Taxes	Porezi

Camping
Kampiranje

Adventure	Avantura
Animals	Životinje
Cabin	Kabina
Canoe	Kanu
Compass	Kompas
Fire	Vatra
Forest	Šuma
Fun	Zabava
Hammock	Viseća
Hat	Šešir
Hunting	Lov
Insect	Kukac
Lake	Jezero
Map	Karta
Moon	Mjesec
Mountain	Planina
Nature	Priroda
Rope	Uže
Tent	Šator
Trees	Drveća

Chemistry
Kemija

Acid	Kiselina
Atomic	Atomski
Carbon	Ugljik
Catalyst	Katalizator
Chlorine	Klor
Electron	Elektron
Enzyme	Enzim
Gas	Plin
Heat	Toplina
Hydrogen	Vodik
Ion	Ion
Liquid	Tekućina
Metals	Metali
Molecule	Molekula
Nuclear	Nuklearni
Organic	Organski
Oxygen	Kisik
Salt	Sol
Temperature	Temperatura
Weight	Težina

Chess
Šah

Black	Crna
Challenges	Izazovi
Champion	Prvak
Clever	Pametan
Contest	Natjecanje
Diagonal	Dijagonala
Game	Igra
King	Kralj
Opponent	Protivnik
Passive	Pasivno
Player	Igrač
Points	Točke
Queen	Kraljica
Rules	Pravila
Sacrifice	Žrtvovati
Strategy	Strategija
Time	Vrijeme
To Learn	Učiti
Tournament	Turnir
White	Bijeli

Chocolate
Čokolada

Aroma	Aroma
Artisanal	Zanatski
Bitter	Gorak
Cacao	Kakao
Calories	Kalorije
Candy	Bombon
Caramel	Karamela
Coconut	Kokos
Delicious	Ukusno
Exotic	Egzotično
Favorite	Omiljeni
Flavor	Okus
Ingredient	Sastojak
Peanuts	Kikiriki
Quality	Kvaliteta
Recipe	Recept
Sugar	Šećer
Sweet	Slatko
Taste	Ukus
To Eat	Jesti

Clothes
Odjeća

Apron	Pregača
Belt	Pojas
Blouse	Bluza
Bracelet	Narukvica
Coat	Kaput
Dress	Haljina
Fashion	Moda
Gloves	Rukavice
Hat	Šešir
Jacket	Jakna
Jeans	Traperice
Jewelry	Nakit
Pajamas	Pidžama
Pants	Hlače
Sandals	Sandale
Scarf	Šal
Shirt	Košulja
Shoe	Cipela
Skirt	Suknja
Sweater	Džemper

Coffee
Kava

Acidic	Kiselo
Aroma	Aroma
Beverage	Piće
Bitter	Gorak
Black	Crna
Caffeine	Kofein
Cream	Krema
Cup	Šalica
Filter	Filtar
Flavor	Okus
Grind	Samljeti
Liquid	Tekućina
Milk	Mlijeko
Morning	Jutro
Origin	Podrijetlo
Price	Cijena
Roasted	Pržena
Sugar	Šećer
To Drink	Piti
Water	Voda

Countries #1
Zemlje № 1

Brazil	Brazil
Canada	Kanada
Egypt	Egipat
Finland	Finska
Germany	Njemačka
Iraq	Irak
Israel	Izrael
Italy	Italija
Latvia	Latvija
Libya	Libija
Morocco	Maroko
Nicaragua	Nikaragva
Norway	Norveška
Panama	Panama
Poland	Poljska
Romania	Rumunjska
Senegal	Senegal
Spain	Španjolska
Venezuela	Venezuela
Vietnam	Vijetnam

Countries #2
Zemlje № 2

Albania	Albanija
Denmark	Danska
Ethiopia	Etiopija
Greece	Grčka
Haiti	Haiti
Jamaica	Jamajka
Japan	Japan
Laos	Laos
Lebanon	Libanon
Liberia	Liberija
Mexico	Meksiko
Nepal	Nepal
Nigeria	Nigerija
Pakistan	Pakistan
Russia	Rusija
Somalia	Somalija
Sudan	Sudan
Syria	Sirija
Uganda	Uganda
Ukraine	Ukrajina

Creativity
Kreativnost

Artistic	Umjetnički
Authenticity	Autentičnost
Clarity	Jasnoća
Dramatic	Dramatičan
Emotions	Emocije
Expression	Izraz
Fluidity	Fluidnost
Ideas	Ideje
Image	Slika
Imagination	Mašta
Impression	Dojam
Inspiration	Inspiracija
Intensity	Intenzitet
Intuition	Intuicija
Inventive	Inventivni
Sensation	Osjećaj
Skill	Vještina
Spontaneous	Spontano
Visions	Vizije
Vitality	Vitalnost

Dance
Ples

Academy	Akademija
Art	Umjetnost
Body	Tijelo
Choreography	Koreografija
Classical	Klasični
Cultural	Kulturni
Culture	Kultura
Emotion	Emocija
Expressive	Izražajan
Grace	Milost
Joyful	Radostan
Jump	Skok
Movement	Pokret
Music	Glazba
Partner	Partner
Posture	Držanje
Rehearsal	Proba
Rhythm	Ritam
Traditional	Tradicionalan
Visual	Vidni

Days and Months
Dani i Mjeseci

April	Travanj
August	Kolovoz
Calendar	Kalendar
February	Veljača
Friday	Petak
January	Siječanj
July	Srpanj
March	Ožujak
Monday	Ponedjeljak
Month	Mjesec
November	Studeni
October	Listopad
Saturday	Subota
September	Rujan
Sunday	Nedjelja
Thursday	Četvrtak
Tuesday	Utorak
Wednesday	Srijeda
Week	Tjedan
Year	Godina

Diplomacy
Diplomacija

Adviser	Savjetnik
Ambassador	Ambasador
Citizens	Građani
Civic	Građanski
Community	Zajednica
Conflict	Sukob
Cooperation	Suradnja
Diplomatic	Diplomatski
Discussion	Rasprava
Ethics	Etika
Foreign	Strani
Government	Vlada
Humanitarian	Humanitarni
Integrity	Integritet
Justice	Pravda
Politics	Politika
Resolution	Odluka
Security	Sigurnost
Solution	Rješenje
Treaty	Ugovor

Disease
Bolesti

Allergies	Alergije
Bacterial	Bakterijski
Body	Tijelo
Bones	Kosti
Chronic	Kroničan
Contagious	Zarazan
Genetic	Genetski
Health	Zdravlje
Heart	Srce
Hereditary	Nasljedno
Immunity	Imunitet
Inflammation	Upala
Neuropathy	Neuropatija
Pathogens	Patogena
Pulmonary	Plućni
Respiratory	Dišni
Syndrome	Sindrom
Therapy	Terapija
Weak	Slab
Wellness	Wellness

Driving
Vožnja

Accident	Nesreća
Brakes	Kočnice
Car	Automobil
Danger	Opasnost
Driver	Vozač
Fuel	Gorivo
Garage	Garaža
Gas	Plin
License	Licenca
Map	Karta
Motor	Motor
Motorcycle	Motocikl
Pedestrian	Pješak
Police	Policija
Road	Cesta
Safety	Sigurnost
Speed	Brzina
Traffic	Promet
Truck	Kamion
Tunnel	Tunel

Ecology
Ekologija

Climate	Klima
Communities	Zajednice
Diversity	Raznolikost
Drought	Suša
Fauna	Fauna
Flora	Flora
Global	Globalno
Habitat	Stanište
Marine	Pomorski
Marsh	Močvara
Mountains	Planine
Natural	Prirodno
Nature	Priroda
Plants	Bilje
Resources	Resursi
Species	Vrsta
Survival	Opstanak
Sustainable	Održiv
Vegetation	Vegetacija
Volunteers	Volonteri

Electricity
Struja

Battery	Baterija
Bulb	Žarulja
Cable	Kabel
Electric	Električni
Electrician	Električar
Equipment	Oprema
Generator	Generator
Lamp	Svjetiljka
Laser	Laser
Magnet	Magnet
Negative	Negativan
Network	Mreža
Objects	Objekti
Positive	Pozitivan
Quantity	Količina
Socket	Utičnica
Storage	Skladištenje
Telephone	Telefon
Television	Televizija
Wires	Žice

Energy
Energija

Battery	Baterija
Carbon	Ugljik
Diesel	Dizel
Electric	Električni
Electron	Elektron
Entropy	Entropija
Environment	Okoliš
Fuel	Gorivo
Gasoline	Benzin
Heat	Toplina
Hydrogen	Vodik
Industry	Industrija
Motor	Motor
Nuclear	Nuklearni
Photon	Foton
Pollution	Zagađenje
Renewable	Obnovljiv
Steam	Para
Turbine	Turbina
Wind	Vjetar

Engineering
Inženjerska Umjetnost

Angle	Kut
Axis	Os
Calculation	Izračun
Construction	Izgradnja
Depth	Dubina
Diagram	Dijagram
Diameter	Promjer
Diesel	Dizel
Distribution	Distribucija
Energy	Energija
Gears	Zupčanici
Levers	Poluge
Liquid	Tekućina
Machine	Stroj
Measurement	Mjerenje
Motor	Motor
Propulsion	Pogon
Stability	Stabilnost
Strength	Snaga
Structure	Struktura

Family
Obitelj

Ancestor	Predak
Aunt	Tetka
Brother	Brat
Child	Dijete
Childhood	Djetinjstvo
Children	Djeca
Cousin	Rođak
Daughter	Kći
Grandchild	Unuče
Grandfather	Djed
Grandson	Unuk
Husband	Muž
Maternal	Majčinski
Mother	Majka
Nephew	Nećak
Niece	Nećakinja
Paternal	Očinski
Sister	Sestra
Uncle	Ujak
Wife	Supruga

Farm #1
Farma Broj 1

Agriculture	Poljoprivreda
Bee	Pčela
Bison	Bizon
Calf	Tele
Cat	Mačka
Chicken	Piletina
Cow	Krava
Crow	Vrana
Dog	Pas
Donkey	Magarac
Fence	Ograda
Fertilizer	Gnojivo
Field	Polje
Goat	Koza
Hay	Sijeno
Honey	Med
Horse	Konj
Rice	Riža
Seeds	Sjemenke
Water	Voda

Farm #2
Farma № 2

Animals	Životinje
Barley	Ječam
Barn	Staja
Beehive	Košnica
Corn	Kukuruz
Duck	Patka
Food	Hrana
Fruit	Voće
Irrigation	Navodnjavanje
Lamb	Janjetina
Llama	Lame
Meadow	Livada
Milk	Mlijeko
Orchard	Voćnjak
Sheep	Ovce
Shepherd	Pastir
Tractor	Traktor
Vegetable	Povrće
Wheat	Pšenica
Windmill	Vjetrenjača

Fishing
Ribarstvo

Bait	Mamac
Basket	Košara
Beach	Plaža
Boat	Čamac
Cook	Kuhati
Equipment	Oprema
Exaggeration	Pretjerivanje
Fins	Peraje
Gills	Škrge
Hook	Kuka
Jaw	Čeljust
Lake	Jezero
Ocean	Ocean
Patience	Strpljenje
River	Rijeka
Scales	Vaga
Season	Sezona
Water	Voda
Weight	Težina
Wire	Žica

Flowers
Cvijeće

Bouquet	Buket
Clover	Djetelina
Daffodil	Narcis
Daisy	Tratinčica
Dandelion	Maslačak
Gardenia	Gardenija
Hibiscus	Hibiskus
Jasmine	Jasmin
Lavender	Lavanda
Lilac	Lila
Lily	Ljiljan
Magnolia	Magnolija
Orchid	Orhideja
Peony	Božur
Petal	Latica
Plumeria	Plumerija
Poppy	Mak
Rose	Ruža
Sunflower	Suncokret
Tulip	Tulipan

Food #1
Hrana # 1

Apricot	Marelica
Barley	Ječam
Basil	Bosiljak
Carrot	Mrkva
Cinnamon	Cimet
Garlic	Češnjak
Juice	Sok
Lemon	Limun
Milk	Mlijeko
Onion	Luk
Peanut	Kikiriki
Pear	Kruška
Salad	Salata
Salt	Sol
Soup	Juha
Spinach	Špinat
Strawberry	Jagoda
Sugar	Šećer
Tuna	Tuna
Turnip	Repa

Food #2
Hrana # 2

Apple	Jabuka
Artichoke	Artičoka
Banana	Banana
Broccoli	Brokula
Celery	Celer
Cheese	Sir
Cherry	Trešnja
Chicken	Piletina
Chocolate	Čokolada
Egg	Jaje
Eggplant	Patlidžan
Fish	Riba
Grape	Grožđe
Ham	Šunka
Kiwi	Kivi
Mushroom	Gljiva
Rice	Riža
Tomato	Rajčica
Wheat	Pšenica
Yogurt	Jogurt

Force and Gravity
Snaga i Gravitacija

Axis	Os
Center	Centar
Discovery	Otkriće
Distance	Udaljenost
Dynamic	Dinamičan
Expansion	Proširenje
Friction	Trenje
Impact	Udarac
Magnetism	Magnetizam
Mechanics	Mehanika
Motion	Pokret
Orbit	Orbita
Physics	Fizika
Planets	Planete
Pressure	Pritisak
Properties	Svojstva
Speed	Brzina
Time	Vrijeme
Universal	Univerzalan
Weight	Težina

Fruit
Voće

Apple	Jabuka
Apricot	Marelica
Avocado	Avokado
Banana	Banana
Berry	Bobica
Cherry	Trešnja
Coconut	Kokos
Fig	Smokva
Grape	Grožđe
Guava	Guava
Kiwi	Kivi
Lemon	Limun
Mango	Mango
Melon	Dinja
Orange	Naranča
Papaya	Papaja
Peach	Breskva
Pear	Kruška
Pineapple	Ananas
Raspberry	Malina

Garden
Vrt

Bench	Klupa
Bush	Grm
Fence	Ograda
Flower	Cvijet
Garage	Garaža
Garden	Vrt
Grass	Trava
Hammock	Viseća
Hose	Crijevo
Lawn	Travnjak
Orchard	Voćnjak
Pond	Ribnjak
Porch	Trijem
Rake	Grablje
Shovel	Lopata
Terrace	Terasa
Trampoline	Trampolin
Tree	Drvo
Vine	Loza
Weeds	Korov

Gardening
Vrtlarstvo

Blossom	Cvijet
Botanical	Botanički
Bouquet	Buket
Climate	Klima
Compost	Kompost
Container	Kontejner
Dirt	Prljavština
Edible	Jestivo
Exotic	Egzotično
Floral	Cvjetni
Foliage	Lišće
Hose	Crijevo
Leaf	List
Moisture	Vlaga
Orchard	Voćnjak
Seasonal	Sezonski
Seeds	Sjemenke
Soil	Tlo
Species	Vrsta
Water	Voda

Geography
Geografija

Altitude	Visina
Atlas	Atlas
City	Grad
Continent	Kontinent
Country	Zemlja
Hemisphere	Hemisfera
Island	Otok
Latitude	Širina
Map	Karta
Meridian	Meridijan
Mountain	Planina
North	Sjever
Ocean	Ocean
Region	Regija
River	Rijeka
Sea	More
South	Jug
Territory	Područje
West	Zapad
World	Svijet

Geology
Geologija

Acid	Kiselina
Calcium	Kalcij
Cavern	Kaverna
Continent	Kontinent
Coral	Koralja
Crystals	Kristali
Cycles	Ciklusi
Earthquake	Potres
Erosion	Erozija
Fossil	Fosil
Geyser	Gejzir
Lava	Lava
Layer	Sloj
Minerals	Minerali
Plateau	Plato
Quartz	Kvarc
Salt	Sol
Stalactite	Stalaktit
Stone	Kamen
Volcano	Vulkan

Geometry
Geometrija

Angle	Kut
Calculation	Izračun
Circle	Krug
Curve	Krivulja
Diameter	Promjer
Dimension	Dimenzija
Equation	Jednadžba
Height	Visina
Horizontal	Vodoravan
Logic	Logika
Mass	Masa
Median	Medijan
Number	Broj
Parallel	Paralelno
Proportion	Proporcija
Segment	Segment
Surface	Površina
Symmetry	Simetrija
Theory	Teorija
Triangle	Trokut

Global Warming
Globalno Zagrijavanje

Arctic	Arktik
Attention	Pažnja
Climate	Klima
Crisis	Kriza
Data	Podaci
Development	Razvoj
Energy	Energija
Environmental	Ekološki
Future	Budućnost
Gas	Plin
Generations	Generacije
Government	Vlada
Habitats	Staništa
Industry	Industrija
International	Međunarodni
Legislation	Zakonodavstvo
Now	Sada
Populations	Stanovništvo
Scientist	Znanstvenik
Temperatures	Temperature

Government
Vlada

Citizenship	Državljanstvo
Civil	Građanski
Constitution	Ustav
Democracy	Demokracija
Discussion	Rasprava
Dissent	Neslaganje
Equality	Jednakost
Independence	Nezavisnost
Judicial	Sudski
Justice	Pravda
Law	Zakon
Leader	Vođa
Liberty	Sloboda
Monument	Spomenik
Nation	Narod
Peaceful	Mirno
Politics	Politika
Speech	Govor
State	Država
Symbol	Simbol

Hair Types
Vrste Kose

Bald	Ćelav
Black	Crna
Blond	Plavuša
Braided	Pletena
Braids	Pletenice
Brown	Smeđ
Curls	Kovrče
Curly	Kovrčava
Dry	Suho
Gray	Siva
Healthy	Zdrav
Long	Dugo
Shiny	Sjajan
Short	Kratak
Silver	Srebro
Soft	Mekan
Thick	Debeo
Thin	Tanak
Wavy	Valovita
White	Bijeli

Health and Wellness #1
Zdravlje i Wellness # 1

Active	Aktivan
Bacteria	Bakterije
Bones	Kosti
Clinic	Klinika
Doctor	Liječnik
Fracture	Lom
Habit	Navika
Height	Visina
Hormones	Hormoni
Hunger	Glad
Medicine	Lijek
Muscles	Mišići
Nerves	Živci
Pharmacy	Ljekarna
Reflex	Refleks
Relaxation	Opuštanje
Skin	Koža
Therapy	Terapija
Treatment	Liječenje
Virus	Virus

Health and Wellness #2
Zdravlje i Wellness # 2

Allergy	Alergija
Anatomy	Anatomija
Appetite	Apetit
Blood	Krv
Calorie	Kalorija
Dehydration	Dehidracija
Diet	Dijeta
Disease	Bolest
Energy	Energija
Genetics	Genetika
Healthy	Zdrav
Hospital	Bolnica
Hygiene	Higijena
Infection	Infekcija
Massage	Masaža
Nutrition	Ishrana
Recovery	Oporavak
Stress	Stres
Vitamin	Vitamin
Weight	Težina

Herbalism
Herbalizam

Aromatic	Aromatski
Basil	Bosiljak
Beneficial	Korisno
Culinary	Kulinarski
Fennel	Komorač
Flavor	Okus
Flower	Cvijet
Garden	Vrt
Garlic	Češnjak
Green	Zelen
Ingredient	Sastojak
Lavender	Lavanda
Marjoram	Mažuran
Mint	Metvice
Oregano	Origano
Parsley	Peršin
Plant	Biljka
Rosemary	Ružmarin
Saffron	Šafran
Tarragon	Dragulj

Hiking
Planinarenje

Animals	Životinje
Boots	Čizme
Camping	Kampiranje
Cliff	Litica
Climate	Klima
Guides	Vodiči
Hazards	Opasnosti
Heavy	Teška
Map	Karta
Mosquitoes	Komarci
Mountain	Planina
Nature	Priroda
Orientation	Orijentacija
Parks	Parkovi
Preparation	Priprema
Stones	Kamenje
Sun	Sunce
Tired	Umorni
Water	Voda
Wild	Divlji

House
Kuća

Attic	Potkrovlje
Broom	Metla
Curtains	Zavjese
Door	Vrata
Fence	Ograda
Fireplace	Kamin
Floor	Kat
Furniture	Namještaj
Garage	Garaža
Garden	Vrt
Keys	Tipke
Kitchen	Kuhinja
Lamp	Svjetiljka
Library	Knjižnica
Mirror	Ogledalo
Roof	Krov
Room	Soba
Shower	Tuš
Wall	Zid
Window	Prozor

Human Body
Ljudsko Tijelo

Ankle	Gležanj
Blood	Krv
Bones	Kosti
Brain	Mozak
Chin	Brada
Ear	Uho
Elbow	Lakat
Face	Lice
Finger	Prst
Hand	Ruka
Head	Glava
Heart	Srce
Jaw	Čeljust
Knee	Koljeno
Leg	Noga
Mouth	Usta
Neck	Vrat
Nose	Nos
Shoulder	Rame
Skin	Koža

Immigration
Imigracija

Administration	Uprava
Adults	Odrasli
Aid	Pomoć
Approval	Odobrenje
Borders	Granice
Children	Djeca
Communication	Komunikacija
Deadline	Rok
Documents	Dokumenti
Funding	Financiranje
Housing	Kućište
Language	Jezik
Law	Zakon
Negotiation	Pregovaranje
Officer	Časnik
Process	Proces
Protection	Zaštita
Situation	Situacija
Solution	Rješenje
Stress	Stres

Jazz
Jazz

Album	Album
Applause	Pljesak
Artist	Umjetnik
Composer	Skladatelj
Composition	Sastav
Concert	Koncert
Drums	Bubnjevi
Emphasis	Naglasak
Famous	Poznati
Favorites	Favoriti
Improvisation	Improvizacija
Music	Glazba
New	Novo
Old	Star
Orchestra	Orkestar
Rhythm	Ritam
Song	Pjesma
Style	Stil
Talent	Talent
Technique	Tehnika

Landscapes
Krajolici

Beach	Plaža
Cave	Špilja
Desert	Pustinja
Geyser	Gejzir
Glacier	Ledenjak
Hill	Brdo
Iceberg	Ledena
Island	Otok
Lake	Jezero
Mountain	Planina
Oasis	Oaza
Ocean	Ocean
Peninsula	Poluotok
River	Rijeka
Sea	More
Swamp	Močvara
Tundra	Tundra
Valley	Dolina
Volcano	Vulkan
Waterfall	Vodopad

Literature
Književnost

Analogy	Analogija
Analysis	Analiza
Anecdote	Anegdota
Author	Autor
Biography	Biografija
Comparison	Usporedba
Conclusion	Zaključak
Description	Opis
Dialogue	Dijalog
Fiction	Fikcija
Metaphor	Metafora
Narrator	Pripovjedač
Novel	Roman
Poem	Pjesma
Poetic	Pjesnički
Rhyme	Rima
Rhythm	Ritam
Style	Stil
Theme	Tema
Tragedy	Tragedija

Mammals
Sisavci

Bear	Snositi
Beaver	Dabar
Bull	Bik
Cat	Mačka
Coyote	Kojot
Dog	Pas
Dolphin	Dupin
Elephant	Slon
Fox	Lisica
Giraffe	Žirafa
Gorilla	Gorila
Horse	Konj
Kangaroo	Klokan
Lion	Lav
Monkey	Majmun
Rabbit	Zec
Sheep	Ovce
Whale	Kit
Wolf	Vuk
Zebra	Zebra

Math
Matematika

Angles	Kutovi
Arithmetic	Aritmetika
Circumference	Opseg
Decimal	Decimala
Diameter	Promjer
Equation	Jednadžba
Exponent	Eksponent
Fraction	Frakcija
Geometry	Geometrija
Numbers	Brojevi
Parallel	Paralelno
Parallelogram	Paralelogram
Perimeter	Perimetar
Polygon	Poligon
Radius	Radijus
Rectangle	Pravokutnik
Square	Kvadrat
Symmetry	Simetrija
Triangle	Trokut
Volume	Volumen

Measurements
Mjerenja

Byte	Bajt
Centimeter	Centimetar
Decimal	Decimala
Degree	Stupanj
Depth	Dubina
Gram	Gram
Height	Visina
Inch	Inč
Kilogram	Kilogram
Kilometer	Kilometar
Length	Dužina
Liter	Litra
Mass	Masa
Meter	Metar
Minute	Minuta
Ounce	Unca
Ton	Tona
Volume	Volumen
Weight	Težina
Width	Širina

Meditation
Meditacija

Acceptance	Prihvaćanje
Awake	Budan
Breathing	Disanje
Calm	Miran
Clarity	Jasnoća
Compassion	Suosjećanje
Emotions	Emocije
Gratitude	Zahvalnost
Habits	Navike
Kindness	Ljubaznost
Mental	Mentalno
Mind	Um
Movement	Pokret
Music	Glazba
Nature	Priroda
Peace	Mir
Perspective	Perspektiva
Silence	Tišina
Thoughts	Misli
To Learn	Učiti

Music
Glazba, Muzika

Album	Album
Ballad	Balada
Chorus	Zbor
Classical	Klasični
Eclectic	Eklektičan
Harmonic	Harmonijski
Harmony	Sklad
Lyrical	Lirski
Melody	Melodija
Microphone	Mikrofon
Musical	Mjuzikl
Musician	Glazbenik
Opera	Opera
Poetic	Pjesnički
Recording	Snimanje
Rhythm	Ritam
Rhythmic	Ritmičan
Sing	Pjevati
Singer	Pjevač
Vocal	Vokalni

Musical Instruments
Glazbeni Instrumenti

Banjo	Bendžo
Bassoon	Fagot
Cello	Violončelo
Clarinet	Klarinet
Drum	Bubanj
Flute	Flauta
Gong	Gong
Guitar	Gitara
Harmonica	Harmonika
Harp	Harfa
Mandolin	Mandolina
Marimba	Marimba
Oboe	Oboa
Percussion	Udaraljke
Piano	Klavir
Saxophone	Saksofon
Tambourine	Tamburaški
Trombone	Trombon
Trumpet	Truba
Violin	Violina

Mythology
Mitologija

Archetype	Arhetip
Behavior	Ponašanje
Beliefs	Uvjerenja
Creation	Stvaranje
Creature	Stvorenje
Culture	Kultura
Deities	Božanstva
Disaster	Katastrofa
Heaven	Nebo
Hero	Junak
Immortality	Besmrtnost
Jealousy	Ljubomora
Labyrinth	Labirint
Legend	Legenda
Lightning	Munja
Monster	Čudovište
Mortal	Smrtnik
Revenge	Osveta
Thunder	Grmljavina
Warrior	Ratnik

Nature
Priroda

Animals	Životinje
Arctic	Arktik
Beauty	Ljepota
Bees	Pčele
Clouds	Oblaci
Desert	Pustinja
Dynamic	Dinamičan
Erosion	Erozija
Fog	Magla
Foliage	Lišće
Forest	Šuma
Glacier	Ledenjak
Mountains	Planine
Peaceful	Mirno
River	Rijeka
Sanctuary	Svetište
Serene	Spokojan
Tropical	Tropski
Vital	Bitan
Wild	Divlji

Numbers
Brojevi

Decimal	Decimala
Eight	Osam
Eighteen	Osamnaest
Fifteen	Petnaest
Five	Pet
Four	Četiri
Fourteen	Četrnaest
Nine	Devet
Nineteen	Devetnaest
One	Jedan
Seven	Sedam
Seventeen	Sedamnaest
Six	Šest
Sixteen	Šesnaest
Ten	Deset
Thirteen	Trinaest
Three	Tri
Twelve	Dvanaest
Twenty	Dvadeset
Two	Dva

Nutrition
Prehrana

Appetite	Apetit
Balanced	Uravnotežen
Bitter	Gorak
Calories	Kalorije
Diet	Dijeta
Digestion	Probava
Edible	Jestivo
Fermentation	Vrenje
Flavor	Okus
Habits	Navike
Health	Zdravlje
Healthy	Zdrav
Liquids	Tekućine
Nutrient	Hranljiv
Proteins	Proteini
Quality	Kvaliteta
Sauce	Umak
Toxin	Toksin
Vitamin	Vitamin
Weight	Težina

Ocean
Ocean

Coral	Koralja
Crab	Rak
Dolphin	Dupin
Eel	Jegulja
Fish	Riba
Jellyfish	Meduza
Octopus	Hobotnica
Oyster	Kamenica
Reef	Greben
Salt	Sol
Seaweed	Alge
Shark	Morski Pas
Shrimp	Škampi
Sponge	Spužva
Storm	Oluja
Tides	Plime
Tuna	Tuna
Turtle	Kornjača
Waves	Valovi
Whale	Kit

Photography
Fotografija

Black	Crna
Camera	Kamera
Color	Boja
Composition	Sastav
Contrast	Kontrast
Darkness	Tama
Definition	Definicija
Exhibition	Izložba
Format	Format
Frame	Okvir
Lighting	Rasvjeta
Object	Objekt
Perspective	Perspektiva
Portrait	Portret
Shadows	Sjene
Soften	Omekšati
Subject	Predmet
Texture	Tekstura
View	Pogled
Visual	Vidni

Physics
Fizika

Acceleration	Ubrzanje
Atom	Atom
Chaos	Kaos
Chemical	Kemijski
Density	Gustoća
Electron	Elektron
Engine	Motor
Expansion	Proširenje
Formula	Formula
Frequency	Frekvencija
Gas	Plin
Magnetism	Magnetizam
Mass	Masa
Mechanics	Mehanika
Molecule	Molekula
Nuclear	Nuklearni
Particle	Čestica
Relativity	Relativnost
Universal	Univerzalan
Velocity	Brzina

Plants
Biljke

Bamboo	Bambus
Bean	Grah
Berry	Bobica
Botany	Botanika
Bush	Grm
Cactus	Kaktus
Fertilizer	Gnojivo
Flora	Flora
Flower	Cvijet
Foliage	Lišće
Forest	Šuma
Garden	Vrt
Grass	Trava
Ivy	Bršljan
Moss	Mahovina
Petal	Latica
Root	Korijen
Stem	Temelj
Tree	Drvo
Vegetation	Vegetacija

Professions #1
Zanimanja № 1

Ambassador	Ambasador
Astronomer	Astronom
Attorney	Odvjetnik
Banker	Bankar
Cartographer	Kartograf
Coach	Trener
Dancer	Plesačica
Doctor	Liječnik
Editor	Urednik
Firefighter	Vatrogasac
Geologist	Geolog
Hunter	Lovac
Jeweler	Zlatar
Musician	Glazbenik
Pianist	Pijanist
Psychologist	Psiholog
Sailor	Mornar
Scientist	Znanstvenik
Tailor	Krojač
Veterinarian	Veterinar

Professions #2
Zanimanja № 2

Astronaut	Astronaut
Biologist	Biolog
Dentist	Zubar
Detective	Detektiv
Engineer	Inženjer
Gardener	Vrtlar
Illustrator	Ilustrator
Inventor	Izumitelj
Journalist	Novinar
Librarian	Knjižničar
Linguist	Jezikoslovac
Painter	Slikar
Philosopher	Filozof
Photographer	Fotograf
Physician	Liječnik
Pilot	Pilot
Researcher	Istraživač
Surgeon	Kirurg
Teacher	Učitelj
Zoologist	Zoolog

Psychology
Psihologija

Assessment	Procjena
Behavior	Ponašanje
Childhood	Djetinjstvo
Clinical	Klinički
Cognition	Spoznaja
Conflict	Sukob
Dreams	Snovi
Ego	Ego
Emotions	Emocije
Experiences	Iskustva
Ideas	Ideje
Influences	Utjecaji
Perception	Percepcija
Personality	Osobnost
Problem	Problem
Reality	Stvarnost
Sensation	Osjećaj
Therapy	Terapija
Thoughts	Misli
Unconscious	Nesvjesno

Rainforest
Prašuma

Amphibians	Vodozemci
Birds	Ptice
Botanical	Botanički
Climate	Klima
Clouds	Oblaci
Community	Zajednica
Diversity	Raznolikost
Indigenous	Autohtono
Insects	Kukci
Jungle	Džungla
Mammals	Sisavci
Moss	Mahovina
Nature	Priroda
Preservation	Očuvanje
Refuge	Utočište
Respect	Poštovanje
Restoration	Obnova
Species	Vrsta
Survival	Opstanak
Valuable	Vrijedan

Restaurant #1
Restoran Broj 1

Allergy	Alergija
Bowl	Zdjela
Bread	Kruh
Cashier	Blagajnik
Chicken	Piletina
Coffee	Kava
Dessert	Desert
Food	Hrana
Ingredients	Sastojci
Kitchen	Kuhinja
Knife	Nož
Meat	Meso
Menu	Jelovnik
Napkin	Ubrus
Plate	Tanjur
Reservation	Rezervacija
Sauce	Umak
Spicy	Akutni
To Eat	Jesti
Waitress	Konobarica

Restaurant #2
Restoran Broj 2

Beverage	Piće
Cake	Torta
Chair	Stolica
Delicious	Ukusno
Dinner	Večera
Eggs	Jaja
Fish	Riba
Fork	Vilica
Fruit	Voće
Ice	Led
Lunch	Ručak
Noodles	Rezanci
Salad	Salata
Salt	Sol
Soup	Juha
Spices	Začini
Spoon	Žlica
Vegetables	Povrće
Waiter	Konobar
Water	Voda

Science
Znanost

Atom	Atom
Chemical	Kemijski
Climate	Klima
Data	Podaci
Evolution	Evolucija
Experiment	Eksperiment
Fact	Činjenica
Fossil	Fosil
Gravity	Gravitacija
Hypothesis	Hipoteza
Laboratory	Laboratorij
Method	Metoda
Minerals	Minerali
Molecules	Molekule
Nature	Priroda
Organism	Organizam
Particles	Čestice
Physics	Fizika
Plants	Bilje
Scientist	Znanstvenik

Science Fiction
Znanstvena Fantastika

Atomic	Atomski
Books	Knjige
Chemicals	Kemikalije
Cinema	Kino
Dystopia	Distopija
Explosion	Eksplozija
Extreme	Krajnost
Fantastic	Fantastičan
Fire	Vatra
Futuristic	Futuristički
Galaxy	Galaksija
Illusion	Iluzija
Imaginary	Zamišljen
Mysterious	Tajanstveni
Oracle	Proročište
Planet	Planeta
Robots	Roboti
Technology	Tehnologija
Utopia	Utopija
World	Svijet

Scientific Disciplines
Znanstvene Discipline

Anatomy	Anatomija
Archaeology	Arheologija
Astronomy	Astronomija
Biochemistry	Biokemija
Biology	Biologija
Botany	Botanika
Chemistry	Kemija
Ecology	Ekologija
Geology	Geologija
Immunology	Imunologija
Kinesiology	Kineziologija
Linguistics	Lingvistika
Mechanics	Mehanika
Mineralogy	Mineralogija
Neurology	Neurologija
Physiology	Fiziologija
Psychology	Psihologija
Sociology	Sociologija
Thermodynamics	Termodinamika
Zoology	Zoologija

Shapes
Obrasci

Arc	Luk
Circle	Krug
Cone	Konus
Corner	Kut
Cube	Kocka
Curve	Krivulja
Cylinder	Cilindar
Edges	Rubovi
Ellipse	Elipsa
Hyperbola	Hiperbola
Line	Crta
Oval	Ovalan
Polygon	Poligon
Prism	Prizma
Pyramid	Piramida
Rectangle	Pravokutnik
Side	Strana
Sphere	Sfera
Square	Kvadrat
Triangle	Trokut

Spices
Začini

Anise	Anis
Bitter	Gorak
Cardamom	Kardamom
Cinnamon	Cimet
Coriander	Korijander
Cumin	Kumin
Curry	Curry
Fennel	Komorač
Fenugreek	Piskavica
Flavor	Okus
Garlic	Češnjak
Ginger	Đumbir
Licorice	Slatki
Onion	Luk
Paprika	Paprika
Pepper	Papar
Saffron	Šafran
Salt	Sol
Sweet	Slatko
Vanilla	Vanilija

Sport
Sport

Ability	Sposobnost
Athlete	Sportaš
Body	Tijelo
Bones	Kosti
Coach	Trener
Cycling	Biciklizam
Dancing	Ples
Diet	Dijeta
Endurance	Izdržljivost
Goal	Cilj
Health	Zdravlje
Jogging	Jogging
Maximize	Maksimizirati
Metabolic	Metabolički
Muscles	Mišići
Nutrition	Ishrana
Program	Program
Sports	Sportski
Strength	Snaga
To Swim	Plivati

The Company
Tvrtka

Business	Poslovanje
Creative	Kreativni
Decision	Odluka
Employment	Zapošljavanje
Global	Globalno
Industry	Industrija
Innovative	Inovativan
Investment	Ulaganje
Possibility	Mogućnost
Presentation	Prezentacija
Product	Proizvod
Progress	Napredak
Quality	Kvaliteta
Reputation	Ugled
Resources	Resursi
Revenue	Prihod
Risks	Rizici
Trends	Trendovi
Units	Jedinice
Wages	Plaće

The Media
Mediji

Attitudes	Stavovi
Commercial	Trgovački
Communication	Komunikacija
Digital	Digitalni
Edition	Izdanje
Education	Obrazovanje
Facts	Činjenice
Funding	Financiranje
Images	Slike
Industry	Industrija
Intellectual	Intelektualac
Local	Lokalni
Magazines	Časopisi
Network	Mreža
Newspapers	Novine
Online	Na Liniji
Opinion	Mišljenje
Photos	Fotografije
Public	Javnost
Radio	Radio

Time
Vrijeme

Annual	Godišnji
Before	Prije
Calendar	Kalendar
Century	Stoljeće
Clock	Sat
Day	Dan
Decade	Desetljeće
Early	Rano
Future	Budućnost
Minute	Minuta
Month	Mjesec
Morning	Jutro
Night	Noć
Noon	Podne
Now	Sada
Soon	Uskoro
Today	Danas
Week	Tjedan
Year	Godina
Yesterday	Jučer

Town
Grad

Airport	Zračna Luka
Bakery	Pekara
Bank	Banka
Bookstore	Knjižara
Cinema	Kino
Clinic	Klinika
Florist	Cvjećar
Gallery	Galerija
Hotel	Hotel
Library	Knjižnica
Market	Tržište
Museum	Muzej
Pharmacy	Ljekarna
School	Škola
Stadium	Stadion
Store	Pohraniti
Supermarket	Supermarket
Theater	Kazalište
University	Sveučilište
Zoo	Zoološki Vrt

Universe
Svemir

Asteroid	Asteroid
Astronomer	Astronom
Astronomy	Astronomija
Atmosphere	Atmosfera
Celestial	Nebeski
Cosmic	Kozmički
Darkness	Tama
Eon	Eon
Galaxy	Galaksija
Hemisphere	Hemisfera
Horizon	Horizont
Latitude	Širina
Moon	Mjesec
Orbit	Orbita
Sky	Nebo
Solar	Sunčano
Solstice	Solsticij
Telescope	Teleskop
Visible	Vidljiv
Zodiac	Zodijak

Vacation #2
Odmor № 2

Airport	Zračna Luka
Beach	Plaža
Camping	Kampiranje
Destination	Odredište
Foreign	Strani
Foreigner	Stranac
Holiday	Odmor
Hotel	Hotel
Island	Otok
Journey	Putovanje
Map	Karta
Mountains	Planine
Passport	Putovnica
Restaurant	Restoran
Sea	More
Taxi	Taksi
Tent	Šator
Train	Vlak
Transportation	Prijevoz
Visa	Viza

Vegetables
Povrće

Artichoke	Artičoka
Broccoli	Brokula
Carrot	Mrkva
Cauliflower	Karfiol
Celery	Celer
Cucumber	Krastavac
Eggplant	Patlidžan
Garlic	Češnjak
Ginger	Đumbir
Mushroom	Gljiva
Onion	Luk
Parsley	Peršin
Pea	Grašak
Pumpkin	Bundeva
Radish	Rotkvica
Salad	Salata
Shallot	Luk Kozjak
Spinach	Špinat
Tomato	Rajčica
Turnip	Repa

Vehicles
Vozila

Airplane	Zrakoplov
Ambulance	Hitna Pomoć
Bicycle	Bicikl
Boat	Čamac
Bus	Autobus
Car	Automobil
Caravan	Karavan
Ferry	Trajekt
Helicopter	Helikopter
Motor	Motor
Raft	Splav
Rocket	Raketa
Scooter	Skuter
Shuttle	Čunak
Submarine	Podmornica
Taxi	Taksi
Tires	Gume
Tractor	Traktor
Train	Vlak
Truck	Kamion

Congratulations

You made it!

We hope you enjoyed this book as much as we enjoyed making it. We do our best to make high quality games.
These puzzles are designed in a clever way for you to learn actively while having fun!

Did you love them?

A Simple Request

Our books exist thanks your reviews. Could you help us by leaving one now?

Here is a short link which will take you to your order review page:

BestBooksActivity.com/Review50

MONSTER CHALLENGE!

Challenge #1

Ready for Your Bonus Game? We use them all the time but they are not so easy to find. Here are **Synonyms**!

Note 5 words you discovered in each of the Puzzles noted below (#21, #36, #76) and try to find 2 synonyms for each word.

Note 5 Words from *Puzzle 21*

Words	Synonym 1	Synonym 2

Note 5 Words from *Puzzle 36*

Words	Synonym 1	Synonym 2

Note 5 Words from *Puzzle 76*

Words	Synonym 1	Synonym 2

Challenge #2

Now that you are warmed-up, note 5 words you discovered in each Puzzle noted below (#9, #17, #25) and try to find 2 antonyms for each word. How many lines can you do in 20 minutes?

Note 5 Words from **Puzzle 9**

Words	Antonym 1	Antonym 2

Note 5 Words from **Puzzle 17**

Words	Antonym 1	Antonym 2

Note 5 Words from **Puzzle 25**

Words	Antonym 1	Antonym 2

Challenge #3

Wonderful, this monster challenge is nothing to you!

Ready for the last one? Choose your 10 favorite words discovered in any of the Puzzles and note them below.

1.	6.
2.	7.
3.	8.
4.	9.
5.	10.

Now, using these words and within a maximum of six sentences, your challenge is to compose a text about a person, animal or place that you love!

Tip: You can use the last blank page of this book as a draft!

Your Writing:

Explore a Unique Store
Set Up **FOR YOU!**

BestActivityBooks.com/**TheStore**

Designed for Entertainment!

Light Up Your Brain With Unique **Gift Ideas**.

Access **Surprising** And **Essential Supplies!**

CHECK OUT OUR MONTHLY SELECTION NOW!

- Expertly Crafted Products -

NOTEBOOK:

SEE YOU SOON!

Linguas Classics Team

BESTACTIVITYBOOKS.COM/FREEGAMES

www.ingramcontent.com/pod-product-compliance
Lightning Source LLC
Chambersburg PA
CBHW082149120626

46553CB00010B/2826